W0196877

Das Auer
Sprachbuch 2

Autorinnen und Autor:
Ruth Dolenc-Petz
Edeltraud Röbe
Heinrich Röbe
Marina Goldenstein

Ernst Klett Verlag
Stuttgart · Leipzig · Dortmund

Inhalt

Das zweite Schuljahr beginnt

Ich und meine Familie

Einfach fantastisch

Ungeheure Abenteuer

Das will ich wissen

Zusammen Sachen machen

Tiere

Dies und das mit Spiel und Spaß

So fern und doch so nah

Kunterbunte Gefühle

Wir Kinder dieser Welt

Märchen und Geschichten

Richtig schreiben

* Dieser Begriff ist nicht Inhalt des LehrplanPLUS Grundschule.

Arbeitshilfen

Hallo, ich bin Krok.

Das zweite Schuljahr beginnt
Treffpunkt Schule

1. Wie begrüßen sich die Kinder und die Erwachsenen auf dem Bild? Lies nach. Wer spricht Dialekt? Wer spricht eine andere Sprache?

2. Spielt, wie ihr einen Freund, eine Freundin oder einen Erwachsenen begrüßt.

3. Auf wen hast du dich besonders gefreut? Schreibe auf, was du erzählen willst.

Gesprächsregeln

1 Warum freut ihr euch auf das neue Schuljahr? Erzählt.

2 Welches Bild gehört zu welcher Gesprächsregel?
Zeichne und schreibe die Regeln auf.

A Ich melde mich, wenn ich etwas sagen möchte.

B Ich spreche laut und deutlich.

C Ich schaue den Sprecher an.

D Ich höre aufmerksam zu.

3 Welche Regel ist für dich noch schwer? Erkläre.

4 Was wünschst du dir für das neue Schuljahr? Schreibe drei Sätze in dein Lerntagebuch. Markiere, ob die Aufgabe für dich leicht ○, mittel ◑ oder schwer ● war.

5 Was kannst du tun, damit diese Wünsche in Erfüllung gehen?

Bilder und Sätze wachsen

1 In jeder Reihe werden die Bilder genauer.
Lasst die Sätze wachsen. Erzählt.

Das sind Papa
und Nele.

Papa und Nele
basteln.

Papa und Nele
basteln ein Flugzeug.

Das ist ein Ball.

Emma …

Emma …

Das ist Nazir.

Nazir …

…

Das ist Lupo.

Lupo …

…

2 Schreibe zu zwei Bildreihen die Sätze auf.
Schreibe so: Das sind Papa und …

3 Denke dir selbst eine Bildreihe aus. Zeichne und schreibe.

Bilder, Wörter und Sätze erzählen

1 Schau dir die Ferienwand an. Lies.

A

2 Wir sind getaucht. Ich habe eine neue Taucherbrille bekommen.

B

5 Ich war auf dem Ponyhof. Ich kann nicht laufen. Aber reiten kann ich gut.

C

7 Meine Oma ist Inliner gefahren.

D

6 Ich bin oft mit meinem Fahrrad gefahren.

E

1 Wir sind auf den Jochberg gestiegen bis zum Gipfelkreuz. Da war ich ganz stolz.

F

9 Mama und ich waren im Fußballstadion.

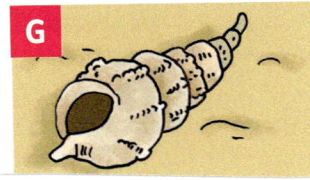

G

3 Ich habe im Sand am Meer eine tolle Muschel gefunden.

H

8 Ich schwimme im Ammersee.

I

4 Bei den Elefanten

2 Welcher Text gehört zu welchem Bild? Schreibe so: A → 4

3 Finde heraus, was das Wort **Gipfelkreuz** bedeutet.

4 Male ein Bild von deinen Ferien. Erzähle und schreibe.

5 Gestaltet aus euren Bildern und Texten eine Ferienwand. So könnt ihr einander von euren Ferien erzählen.

Freundliche Rückmeldung

Das ist das Klassenschiff der 2a.

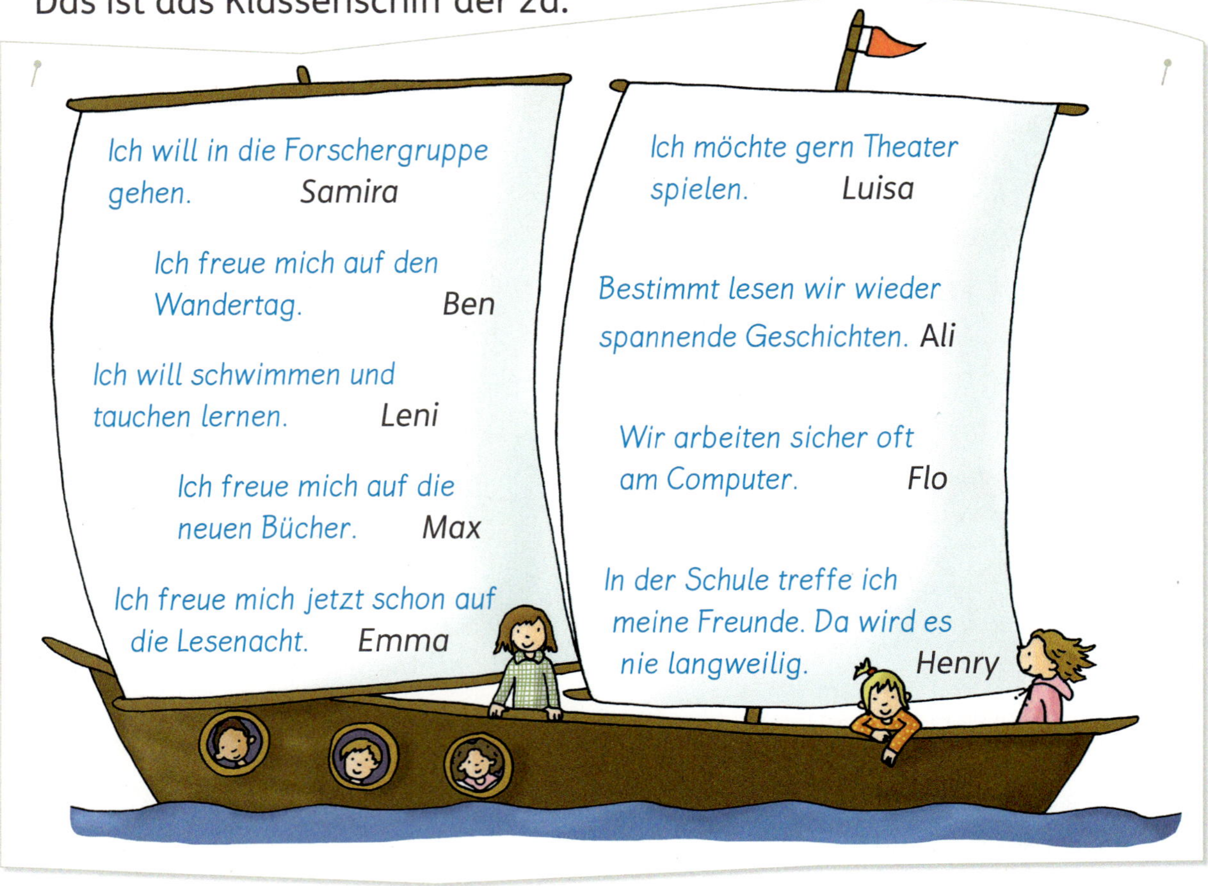

Ich will in die Forschergruppe gehen. Samira

Ich freue mich auf den Wandertag. Ben

Ich will schwimmen und tauchen lernen. Leni

Ich freue mich auf die neuen Bücher. Max

Ich freue mich jetzt schon auf die Lesenacht. Emma

Ich möchte gern Theater spielen. Luisa

Bestimmt lesen wir wieder spannende Geschichten. Ali

Wir arbeiten sicher oft am Computer. Flo

In der Schule treffe ich meine Freunde. Da wird es nie langweilig. Henry

Die Kinder geben eine freundliche Rückmeldung.

Luisa, du hast sehr schön geschrieben.

Flo, die Idee mit dem Computer finde ich gut!

Emma, ich freue mich auch auf die Lesenacht.

Eine freundliche Rückmeldung lobt eine schöne Arbeit oder eine gute Idee.

1 Schreibe einen Satz für euer Klassenplakat. Schreibe besonders schön.

2 Schreibe eine freundliche Rückmeldung für drei Kinder aus deiner Klasse. Lies sie ihnen vor.

Nomen beweisen ▲

1 In der Bildertafel entdeckt ihr Menschen, Tiere, Pflanzen und Dinge. Lest die Wörter. Erklärt einander, was sie bedeuten.

Fisch   Kaktus   Lehrerin   Hund

Baum   Stuhl

Blume   Lampe

Nazir   Elefant   Ranzen   Rollstuhl

---

1. Beweis: Nomen sagen, wie Menschen , Tiere ,
Pflanzen und Dinge heißen.
▲ Das ist das Zeichen für Nomen.
Nomen schreibt man groß: Mutter, Hund, Blume, Tisch.

---

2 Ordne die Nomen aus Aufgabe 1. Setze zu jedem Wort das Symbol.
Schreibe so: ▲
Menschen: Lehrerin
Tiere: ...
Pflanzen: ...
Dinge:

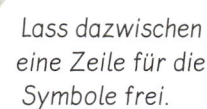
Lass dazwischen eine Zeile für die Symbole frei.

3 Schreibe zu jeder Gruppe noch drei Nomen mit ihrem Symbol.

→ S. 104 Großschreibung von Nomen

Nomen beweisen ▲

1 Schreibe die Nomen mit dem passenden Artikel **der, die** oder **das**.
Schreibe so: das Buch, …

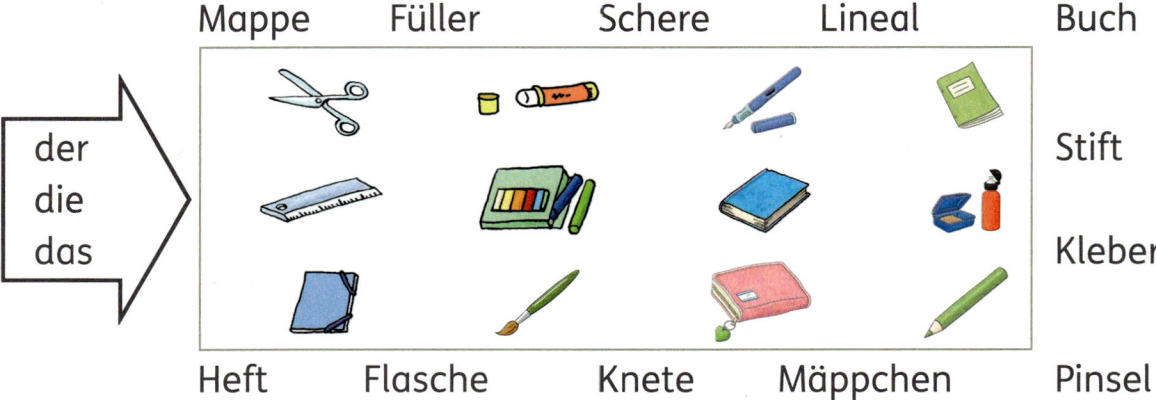

Mappe   Füller   Schere   Lineal   Buch

der
die
das

Stift

Kleber

Heft   Flasche   Knete   Mäppchen   Pinsel

2 Schreibe die Nomen mit dem passenden Artikel **ein** oder **eine**.
Schreibe so: ein Lineal, …

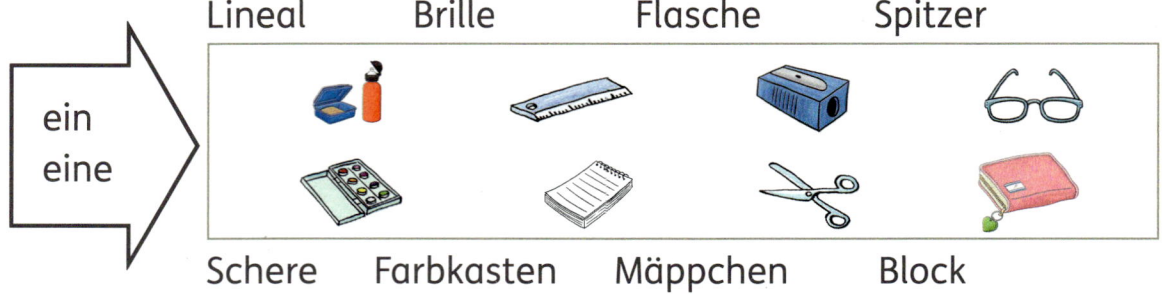

Lineal   Brille   Flasche   Spitzer

ein
eine

Schere   Farbkasten   Mäppchen   Block

2. Beweis: ▲ Zu jedem **Nomen** passt ein **Artikel**:

der Hund, **die** Blume, **das** Buch – **ein** Hund, **eine** Blume

▲ Das ist das Zeichen für den Artikel.

3 Schreibe die Wörter mit den passenden Artikeln: die Tafel, eine Tafel, …

| TAFEL | PINSEL | TINTE | SCHULE | HAUSMEISTER |

| PULT | LAMPE | SCHÜLER | HEFT | UNTERRICHT |

Nomen beweisen ▲

1 Ein Ding – mehrere Dinge. Sprich deutlich: der Bleistift - die Bleistifte, ...

BLEISTIFTE   GABELN   BLUMEN   TISCHE

BILDER   FÜLLER   HEFTE   SCHEREN   BÜCHER

2 Schreibe die Nomen aus Aufgabe 1 auf.
Schreibe so: der Stift – die Stifte, ...

> **3. Beweis:** ▲ **Nomen** können in der **Einzahl** und/oder in der
> **Mehrzahl** stehen.
>
> ▲ ▲ ▲ ▲
> der Tisch – die Tische

3 Jetzt kennst du drei Beweise für Nomen. Schreibe sie auf.
1. Name für ein Lebewesen? Katze ist ein Name für ein Tier.
2. Artikel? die Katze, eine Katze
3. Einzahl/Mehrzahl? die Katze, die Katzen

4 Schreibe die drei Beweise zu den Nomen auf.

| Baum | Tasche | lacht | Frau | Schloss | klein |

5 Schreibe die Sätze ab. Markiere die Nomen ▲.

> Flipp sucht seinen Füller in der Mappe.

> Flo legt ihre Hefte auf den Tisch.

→ S. 105 Die Wörterliste

13

Ich und meine Familie
Als ich noch kleiner war

Elias bringt Fotos mit.
Er hat zu jedem Foto
etwas geschrieben.

Da war ich
sieben Monate
alt.

Mein erster
Fußball.

Erster
Schultag!

Nele hat aufgeschrieben,
wie sie als kleines Kind
gesprochen hat. Ihre
Mutter hat es ihr erzählt.

Auto → Ata
Vogel → Ogi
Schnuller → Nula
Elias → Sasi

Luis hat ein Bild dabei,
das er mit vier Jahren gemalt hat.
Er erklärt: „Das ist mein Papa,
meine Mama, meine Schwester
und ich.
Meine Eltern haben meine Bilder
gesammelt."

1 Was erzählen und zeigen die Kinder von sich?
Was weißt du über dich, als du noch klein warst?

2 Gestalte eine Seite: Als ich noch kleiner war.
So könnt ihr einander wichtige Erinnerungen mitteilen.

3 Stelle die Seite der Klasse vor. Sprecht darüber.

→ S. 106 Vokale
→ S. 107 Betonte Vokale

MK Aufgabe 2

Manchmal gibt es Streit

Ein Streit fängt klein an.

So wird der Streit größer.

Mit diesen Wörtern wird der Streit riesig.

1. Spielt eine von den Streitgeschichten. Wie geht euer Streit aus?

2. Spielt vor der Klasse. Nehmt euch auf.
   Sprecht darüber, wie ihr euch verhalten habt.

3. Findet Sätze, wie ein Streit klein gehalten werden kann.
   Schreibt sie auf.

Ich-Text

1 Sprecht darüber, was zu euch passt. Die Stichwörter geben Beispiele.

> ## So bin ich
>
> A **Daran erkennst du mich:** braune Haare, Igelfrisur, blaue Augen, ...
> B **Mein Lieblingsessen:** Spagetti, Pommes, Pizza, Schnitzel, ...
> C **Meine größte Stärke:** singen, schwimmen, trösten, ...
> D **Mein Lieblingsschulfach:** Mathematik, Kunst, Sport, ...
> E **Mein größter Traum:** Fußballprofi, Popstar, Olympiasiegerin, ...
> F **Mein Lieblingsbuch:** Sams, Lottaleben, Ritter Rost, ...

2 Was passt zu dir? Schreibe so: A: braune, kurze Haare, ...

3 So hat sich Krok beschrieben. Was ist ihm besonders gut gelungen?

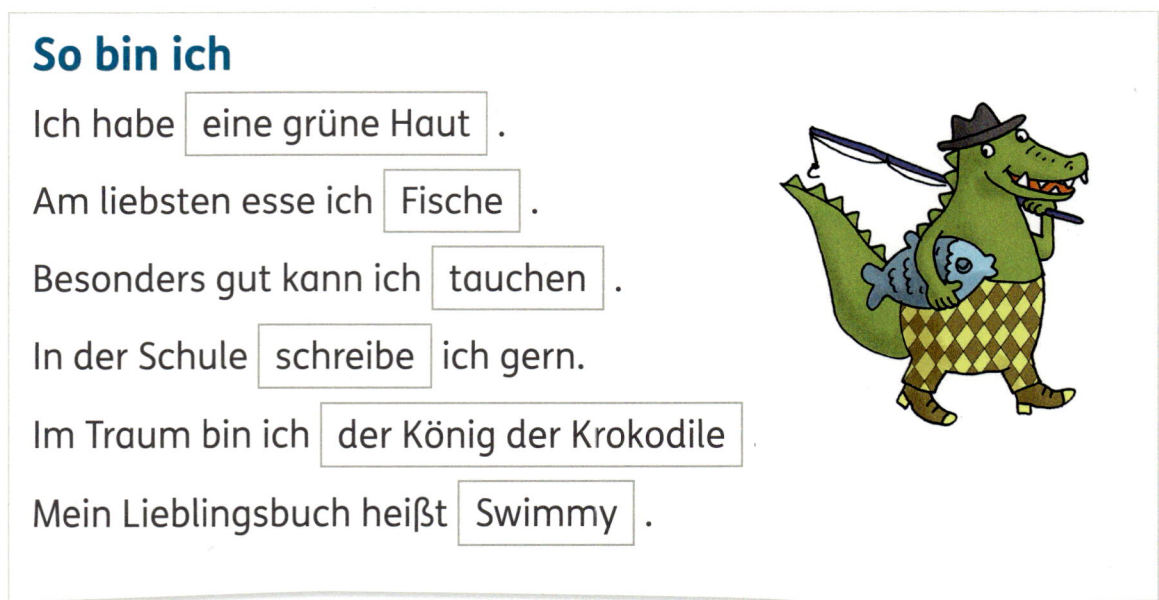

> ## So bin ich
>
> Ich habe eine grüne Haut .
>
> Am liebsten esse ich Fische .
>
> Besonders gut kann ich tauchen .
>
> In der Schule schreibe ich gern.
>
> Im Traum bin ich der König der Krokodile .
>
> Mein Lieblingsbuch heißt Swimmy .

4 Schreibe die Sätze aus Aufgabe 3 mit deinen Stichwörtern.

5 Schreibe weitere Sätze auf, die zu dir passen.

Texte über mich

1 Lest die beiden Texte.

Oft bin ich froh
Ich habe gute Freunde:
Flipp, Nele und Samira.

Ich spiele gerne
Fangen.
Auch Malen macht mir Spaß.
Toll ist es, wenn meine Eltern
mit mir ins Schwimmbad gehen.
Da darf ich auch Freundinnen
einladen.   Flo

Manchmal bin ich traurig
Wenn ich Streit mit meinem
Bruder habe,
ist das blöd.
Ich ärgere mich, wenn ich mich
in Mathe verrechne. Dann
schimpft mich
meine Mutter.
Sehr traurig war ich, als mein
Kater gestorben ist.
                         Flo

2 Gestalte eine frohe und eine traurige Seite über dich.
Schreibe in deiner schönsten Schrift und mit verschiedenen Farben.

Oft bin ich froh
Freunde haben
  Computer spielen
        Quatsch machen
  basteln   klettern
    bei einem Spiel gewinnen
gemeinsam kochen
        Trampolin springen
etwas erforschen

Manchmal bin ich traurig
  streiten
weinen
  boxen
    krank sein
ärgern   Wut haben
auslachen   angeben
    nicht mitspielen lassen
quälen   lügen

3 Finde noch mehr „frohe" oder „traurige" Wörter. Schreibe sie auf.

→ S. 109 Wörter mit X/x, Qu/qu, C/c Ⓜ

Partnerarbeit

Das gelingt in Partnerarbeit prima:

Lesen

Diktat schreiben

Mathematik

So schreibe ich ein Partnerdiktat

1. Überlegt: Wer diktiert? Wer schreibt?
2. Besprecht: Wann wechselt ihr?
3. So könnt ihr eurem Partnerkind gut helfen:
   - Sprecht langsam und deutlich.
   - Diktiert Satzzeichen mit.
   - Verbessert geduldig.
   - Gebt eine freundliche Rückmeldung.

Was für ein Wort ist „Gitarre"? Denke an die Beweise.

1 Übt das Diktat in Partnerarbeit. Beachtet die Anleitung.

Ali und Nele arbeiten zusammen.
Ali kann schon gut lesen.
Nele liest noch nicht sicher.
Sie wollen üben:
Ali liest den Satz zuerst.
Dann liest Nele.
Ali lobt Nele. Sie hat ohne Fehler gelesen.

2 Schreibt drei Sätze aus Aufgabe 2 von Seite 17 als Partnerdiktat.

→ Methode S. 10 Freundliche Rückmeldung

Satzanfang und Satzende

1 Lies den Text. Achte darauf, wie du den Punkt „liest".

Ich helfe oft zu Hause.
Meistens füttere ich unsere Katze.
Manchmal gieße ich die Blumen.
Mit meiner Schwester decke ich den Tisch.

2 Schreibe den Text aus Aufgabe 1 ab. Markiere den ersten Buchstaben in jedem Satz. Was fällt dir auf?

> Am Ende eines **Aussagesatzes** steht ein **Punkt**.
> Das erste Wort im Satz schreibt man groß. (Aa?)
> Die Kinder spielen Fußball.

3 Lies den Text. Was fällt dir auf?

wir machen viel zusammen
manchmal turnen wir im Garten
mit Vati kochen wir besonders gern
er liest uns auch oft Geschichten vor
gespannt hören wir ihm zu
am Wochenende unternehmen wir Ausflüge

Mir fällt auf, dass ...

4 Schreibe den Text aus Aufgabe 3 richtig auf.

5 Schreibe auf, was du über Sätze gelernt hast.

Sätze klingen

1 Schreibe den Text ab. Zeichne über jeden Satz einen Klangbogen.
Setze die Punkte.

Max deckt am Morgen den Tisch
Um sechs Uhr klingelt der Wecker
Nun stehen alle auf
Vater streicht die Pausenbrote
Nele sucht ihre Turnschuhe
Dann sitzen alle am Tisch
Max hat den Tisch gedeckt

*Ein Satz ist wie ein Flugzeug:
Start – Flug – Landung*

2 Schreibe den Text ab.
Denke an den Satzanfang und das Satzende.

am Morgen kocht Vater den Tee ich
füttere meine Katze dann bringt Mutti
mich zur Schule nach der Schule spiele
ich gern draußen mit meinen Freunden manchmal
räume ich mein Zimmer auf

*Es sind
fünf Sätze.*

3 Überprüfe deinen Text aus Aufgabe 2.
Markiere die Satzanfänge und die Punkte am Satzende.

4 Was hast du am Wochenende gemacht? Schreibe fünf Sätze.

Sätze erzählen

Sätze, die etwas erzählen, heißen Aussagesätze.

1 Bilde Aussagesätze. Du musst die Wörter so verändern und ergänzen, dass sie im Satz zusammenpassen: Ein Eichhörnchen klettert auf einen Baum.

Eichhörnchen
klettern
Baum

Fisch
schwimmen
Bach

Max
füttern
Enten

Ella
pflücken
Blumen

Amsel
bauen
Nest

Käfer
krabbeln
Stein

2 Bilde passende Sätze zum Bild.

| Haru | Mimi | Max | Nele | Flo | Luisa |

| malen | fangen | lesen | spielen |

3 Was hast du gestern Abend gemacht? Schreibe fünf Sätze.

↪ S. 108 Silben ☺

Einfach fantastisch
Mit Sprache malen

1 Schaut euch das Bild genau an. Was könnt ihr entdecken? Erzählt.

2 Das Bild zeigt eine Straße in „Fantasia".
Was könnte der Name bedeuten?

3 Du besuchst „Fantasia". Öffne eine Haustür oder krieche in ein
Schlupfloch. Wer wohnt da wohl? Was erlebst du?
Denke dir deine Geschichte aus.
Schreibe wichtige Wörter zu deiner Geschichte auf einen Zettel.
Diese Stichwörter helfen dir, wenn du dein Erlebnis erzählst.

4 Erzähle deine Geschichte mithilfe der Stichwörter.

Sprache malt fantastische Bilder

1 Diese Bilder findest du im großen Bild (Seite 22).
Denke dich in die Bilder hinein. Was erlebst du? Erzähle.

2 Entscheidet euch für ein Bild aus Aufgabe 1. Denkt euch dazu eine
Geschichte aus. Jeder schreibt reihum einen Satz.
Die Stichwörter helfen euch.

Beginnt so: Neulich war ich in Fantasia. Da ...

• auf einen Baum klettern	• im See schwimmen	• durch das Loch im Zaun schlüpfen
• einen bunten Vogel treffen	• zum Grund tauchen	• eine Schachtel finden
• mit den Armen flattern	• eine Nixe treffen	• den Deckel heben
• durch die Luft fliegen	• ein Wasserschloss entdecken	• einen jungen Dino entdecken
• ...	• ...	

3 Lest eure Geschichte der Klasse vor.
Ist sie spannend und fantasievoll?

→ S. 111 Umlaute
→ S. 112 Zwielaute

Fantasiegeschichten erfinden

1 Seht euch die angefangene Bildergeschichte an. Erzählt.

Mir ist langweilig.   Da klingelt es an der Tür.   ???

2 Wie geht die Geschichte weiter? Entscheidet euch für einen „Besucher".
Erzählt, was passiert. Spielt die Geschichte.

Was mache ich?	Wer steht vor der Tür?	Was sagt er, sie oder es?	Was machen wir zusammen?

Eine Überschrift finden

1 Denke dir einen fantastischen Besucher aus. Schreibe deine Fantasiegeschichte. Finde eine passende Überschrift.

Mir ist langweilig.

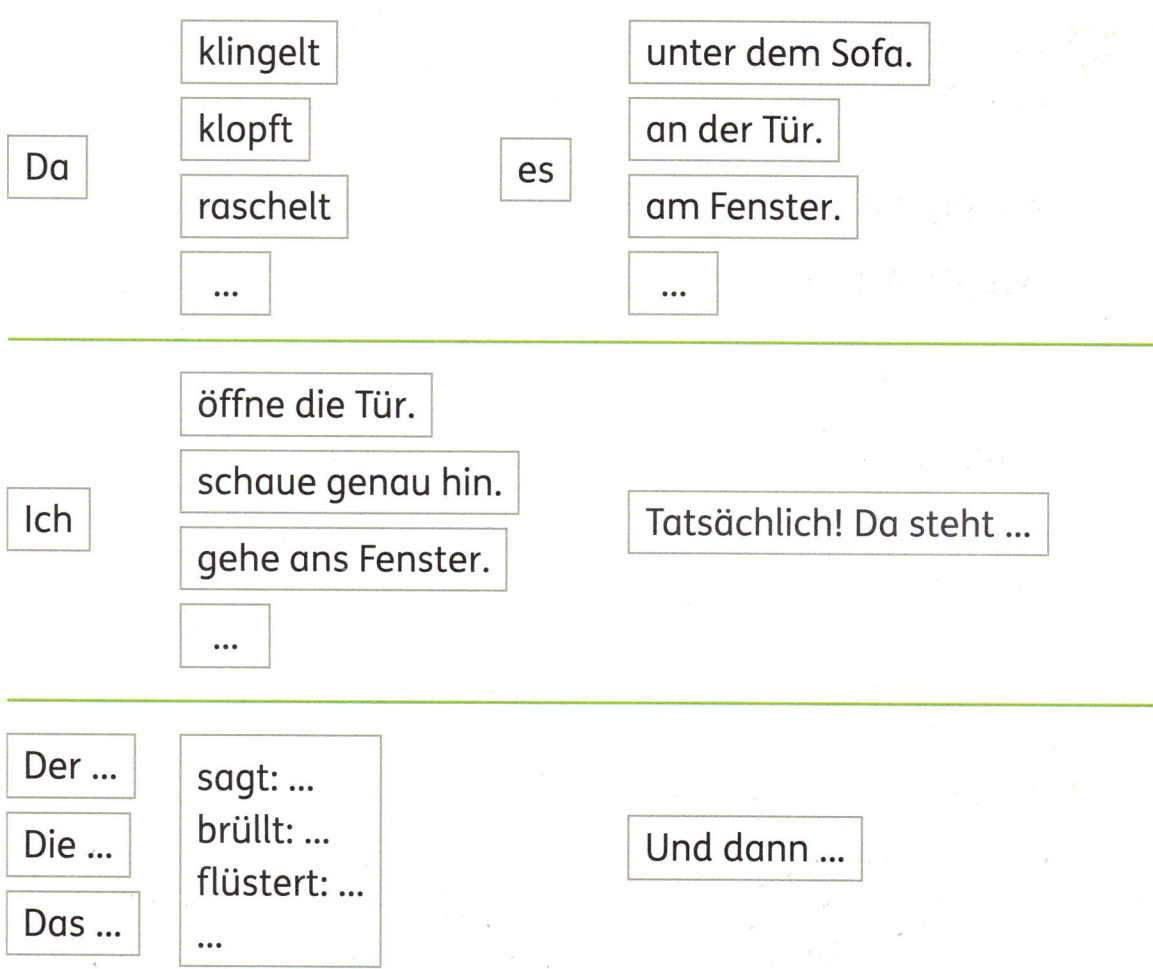

2 Lies deine Fantasiegeschichte vor.
Wie finden die Zuhörer deine Ideen und deine Überschrift?
Gebt freundliche Rückmeldung: Ich finde deine Idee mit ... gut, weil ...

3 Welche Tipps willst du bei deiner nächsten Fantasiegeschichte berücksichtigen?

→ Methode S. 10 Freundliche Rückmeldung

Stichwörter sammeln

Flipp will eine Fantasiegeschichte schreiben. Er macht sich Gedanken dazu.

1 Lies die Stichwörter, die Flipp für seine Geschichte gesammelt hat. Erzähle mithilfe der Stichwörter die Geschichte.

Anfang: Spielplatz, Rakete entdecken, einsteigen

Hauptteil: Rakete startet, rast in den Weltraum, landet auf dem Mars, Edelstein finden, Abflug

Schluss: Landung auf dem Spielplatz, Edelstein

> Mit Stichwörtern halte ich meine Ideen fest.
> Ein Stichwort ist ein Wort oder eine Wortgruppe.
> Stichwörter helfen mir, eine Geschichte zu planen.

2 Stell dir vor: Du bist plötzlich winzig klein. Was erlebst du?

Denke dir eine eigene Geschichte aus. Sammle Stichwörter. Schreibe jedes Stichwort auf einen Zettel. Ordne die Zettel.

3 Erzähle deine Geschichte mithilfe der Stichwörter. Überlege dir auch einen Anfang und Schluss für deine Geschichte.

Verben beweisen ●

1 Spielt euch die Verben vor. Lasst die anderen Kinder raten.

a)

b)

c)

d)

e)

f)

1. Beweis: Verben sagen, was Lebewesen und Dinge tun.
● Das ist das Zeichen für Verben.

2 Was tun die Lebewesen und Dinge in Aufgabe 1?
Ordne die Verben zu. Schreibe so: a) fliegen

| fliegen | turnen | wachsen | schreiben | malen | hüpfen |

3 Finde 10 Verben in der Wörterliste (Seite 151–158). Ordne jedes Verb
einem Lebewesen oder einem Ding zu. Schreibe so: Löwen fauchen, …

Verben beweisen ●

1 Bilde Sätze mit den Verben. Schreibe so: Die Kinder hüpfen.

1. Beweis: ● **Verben** antworten auf die Frage: Was tut jemand?

2 Wähle einen Text aus und schreibe ihn ab.
Kennzeichne Nomen und Verben.

▲ ●

Schreibe so: Glocken klingen. ...

Auch Dinge können etwas tun.

> Glocken klingen, Gläser klirren,
> Autos fahren mit Gebrumm,
> Uhren ticken, Schlüssel klappern,
> Dinge sind nicht einfach stumm.

> Bälle fliegen, Räder rollen,
> Lampen leuchten nachts im Haus,
> Tropfen fallen, Steine purzeln,
> Dinge ruh'n nicht einfach aus.

3 Wählt einen Text aus und lernt ihn auswendig. Ihr könnt den Text mit
Geräuschen und Bewegungen vortragen. Nehmt euch dabei auf.

Verben verändern sich ●

Flo besucht ihren Freund Ali. Sie spielen das „Spiegelspiel".
Einer tut etwas, der andere macht es nach.
Flo beginnt: „Ich male und du malst auch."

Ich pfeif*e* …
und du
pfeif**st** auch.

Ich sing*e* …
und du
sing**st** auch.

1 Flo und Ali verwenden in ihrem Spiel viele Verben.
Sprich die Verben deutlich in der ich-Form und in der du-Form.
Schreibe so: malen: ich male – du malst auch

| malen | turnen | lachen | spielen | trinken | schreiben |

2 Unterstreiche die Verben. Was fällt dir auf?

Verben verändern sich: ich singe, du singst.

3 Schreibe die Sätze auf. Setze die Verben in der richtigen Form ein.

Flipp   zum Mars. (fliegen)
Ich   über den Mond. (springen)
Tim   einen Dino. (finden)
Du   mit den Olchis. (spielen)
Pumuckel   dem Meister Eder. (helfen)
Asterix   einen Zaubertrank. (trinken)

Ungeheure Abenteuer
Ein Urwaldabenteuer

1 Heute verwandelt sich die Turnhalle in einen Urwald.
Schaut euch das Bild an. Was könnt ihr entdecken? Erzählt.

2 Verwandelt jede Zeile in eine „Urwald"-Zeile.
Sprecht so: Samira steigt auf einen Baum. Dann...

| an einer Liane | den Schatz | über den Felsen | ein Boot | in den Fluss |

In der Turnhalle
Samira steigt auf die Sprossenwand.
Dann schwingt sie am Seil.
Nun springt sie auf die Matte.
Sie steigt über den Kasten.
Endlich findet sie den Mattenwagen.
Jetzt holt sie den Ball.

Im Urwald
Samira steigt auf einen Baum.
Dann schwingt sie _____ .
_____ .
_____ .
_____ .
_____ .

3 Schreibe die Urwaldgeschichte auf.

Mein Hobby

1 Sprecht über die Hobbys. Was würdet ihr die Kinder gern fragen?

2 Welche Fragen kannst du zu deinem Hobby schon beantworten?

> 1. Wie heißt dein Hobby?
>
> 2. Was macht dir dabei besonders Spaß?
>
> 3. Was lernst du durch dein Hobby?
>
> 4. Wann hast du Zeit für dein Hobby?
>
> 5. Teilst du dein Hobby mit jemandem?

3 Lest und vergleicht die Texte von Julian und Lisa.
Was ist gut gelungen? Worüber hättest du gern mehr erfahren?

4 Welches Hobby hast du? Informiere dich auf einer Kindersuchseite.
Schreibe und gestalte deine Hobby-Seite.
Achte auf genügend Abstand zwischen den Wörtern und Sätzen.

Verschiedene Satzanfänge

1 Verfolgt Minkas Abenteuerspuren. Lest die Stichwörter abwechselnd.

aus dem Fenster springen – durch das Gras schleichen – auf den Baum klettern – immer höher steigen – Angst bekommen – miauen – endlich mutig springen – im Gras landen – fröhlich davonsausen

2 Erzähle deinem Partnerkind die Minka-Geschichte in ganzen Sätzen. Beginne so: Minka springt aus dem Fenster. Minka ...

3 Flo hat die ersten Sätze so geschrieben. Welche Rückmeldung würdest du Flo geben?

> Minka springt aus dem Fenster.
> Minka schleicht durch das Gras.
> Minka klettert auf den Baum.

4 Überarbeite deinen Text. Achte auf verschiedene Satzanfänge. Diese Wörter helfen dir.

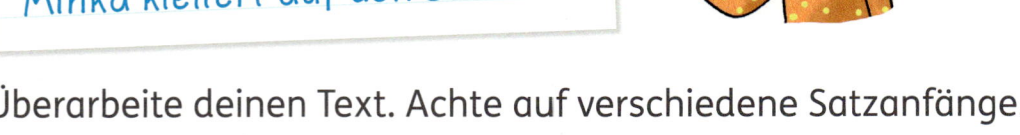

zuerst   nun   danach   endlich   aber   am Ende   jetzt   dann   zuletzt

Eine Überschrift finden

1 Lest den Text. Überlegt, welche Überschrift zu der Geschichte passen könnte. Begründet eure Vorschläge.

Henry und Ali bauen im Garten ihr Zelt auf.
Sie wollen heute dort übernachten.
Langsam wird es dunkel. Alles ist still.

Aber was ist das?
Etwas kratzt am Zelt.
Es knurrt und schmatzt da draußen.
Das hört sich gefährlich an.

Ali bekommt Angst.
Henry holt seine Taschenlampe.
Vorsichtig schaut er hinaus.
Da tappt ein Igel vor dem Zelt herum!

2 Diese Überschriften haben Kinder vorgeschlagen.
Welche findest du passend? Begründe.

Abenteuer im Garten	Eine Nacht im Zelt	Was für ein Schreck!

Der Igel	Ein Monster im Garten?	Besuch in der Nacht

Eine Überschrift soll „Appetit" auf den Text machen.
Der Leser soll neugierig werden.

3 Schreibe deine eigene Abenteuer-Geschichte.
Finde eine passende Überschrift.
Denke an unterschiedliche Satzanfänge.

Lerntagebuch: Über Lernen sprechen

Die Kinder der Klasse 2a sprechen darüber, warum es für sie wichtig war, dass sie heute in der Schule waren. Sie haben ein Lerntagebuch angefangen.

1 Lest die Seiten aus dem Lerntagebuch von Samira, Ali, Lisa und Henry. Sprecht darüber.

> 25. 10.
>
> Ich kann jetzt das Abc auswendig.
> Ich sage es
> ganz schnell,
> ganz langsam
> oder leise oder laut auf!
> Singen kann ich es auch!

> 12. 11.
>
> Mein längstes Wort:
> Feuersalamanderzehe
> hat 8 Silben und
> in jeder Silbe einen Vokal.

> 25.01.
>
> Ich bin sehr traurig. Luisa will nicht
> mehr meine Freundin sein.
> Was soll ich tun?
> Frau Berger hat gesagt, dass sie
> morgen mit Luisa spricht.

> 19. 11.
>
> Heute hat Frau Berger uns eine
> Sprachforscher-Aufgabe gestellt:
> Das Wort Flügel hat drei
> Bedeutungen. Wir haben es
> herausgefunden: der Fensterflügel,
> der Nasenflügel und der Vogelflügel.
> Das war toll.

2 Wie wollt ihr an eurem Lerntagebuch weiterarbeiten? Sammelt Fragen und Vorschläge. Diskutiert sie in der Klasse.

Wann schreiben wir ins Lerntagebuch?	Können wir wirklich schreiben, was uns wichtig ist? Bekommen wir auch Aufträge?
Ist das Tagebuch geheim? Wer darf es öffnen und lesen?	Können wir malen, schreiben, Bilder einkleben und gestalten?

Verben verändern sich ●

1 Ordne die Verben. Markiere in jedem Verb den Wortteil, der immer gleich bleibt. Schreibe so: turnen: wir turnen, er turnt, …

wir turnen	du malst	ich male	es lernt	sie turnt
sie lernen	ich lerne	es malt	wir malen	du lernst
er lernt	ich turne	du turnst	sie lernt	ihr malt

> Verben haben eine Grundform.
> Die **Grundform** sagt, wie das Verb heißt: turnen.
> Der **Wortstamm** bleibt fast immer gleich: turn.

2 Das Verb **malen** steht hier in verschiedenen Formen.
Lernt die Reihenfolge der Verbformen mit den Handbewegungen.

3 Schreibe **turnen** in allen Formen auf. Achte auf die Endungen.
Markiere Wortstamm und Endung: turnen: ich turne, du …

→ S. 115 Wörter abschreiben

Verben verändern sich ●

1 Hinter jedem Satz steht das Verb in der Grundform.
Setze es in der richtigen Form ein. Schreibe den Text ab.
Markiere den Wortstamm.

Ich ▒▒▒▒▒ das Zelt. (bauen)
Mein Vater ▒▒▒▒▒ mit. (machen)
Er ▒▒▒▒▒ Holz. (sammeln)
Meine Mutter ▒▒▒▒▒ auch. (kommen)
Sie ▒▒▒▒▒ den Teig für das Brot. (kneten)
Es ▒▒▒▒▒ uns gut. (schmecken)
Wir ▒▒▒▒▒ dann zusammen. (spielen)

> **2. Beweis:** ● **Verben** stehen in verschiedenen Formen:
> *ich male, wir malen ...*

2 Schreibe die Sätze mit der richtigen Verbform auf.

Die Nadel ▒▒▒▒▒.   Die Glocke ▒▒▒▒▒.

Das Feuer ▒▒▒▒▒.   Die Blume ▒▒▒▒▒.

Das Auto ▒▒▒▒▒.   Die Lampe ▒▒▒▒▒.

stechen	fahren
läuten	brennen
wachsen	leuchten

3 Kannst du Verben sicher erkennen und beweisen?

DANKEN	TASCHE	FALLEN	NUDEL	SCHENKEN

Schreibe: 1. Beweis: Was tut jemand? ▒▒▒▒▒
2. Beweis: ich ▒▒▒▒▒, wir ▒▒▒▒▒

Wortfeld gehen

1 Lest den Text. Was fällt euch auf?

Eine lustige Turnstunde

Zuerst gehen alle Kinder in die Turnhalle.
Dann gehen sie wie schwere Elefanten.
Nun gehen alle wie Pferde.
Plötzlich gehen die Kinder wie Frösche.
Auf einmal gehen sie leise wie Katzen.
Am Ende gehen sie wie Mäuse aus der
Turnhalle.

2 Ersetzt das Verb **gehen** in Aufgabe 1 durch passende Verben.
Spielt die Verben vor.

> **gehen:** rennen, trampeln, hüpfen, schleichen, flitzen, galoppieren, ...

Wörter, die etwas Ähnliches bedeuten, gehören zu einem **Wortfeld**.

3 Was bedeuten die Verben aus dem Wortfeld **gehen**?
Schreibe so: sehr laut gehen: trampeln, ...

sehr laut gehen feierlich gehen	humpeln
sehr schnell gehen gemütlich gehen	marschieren
durch Wasser gehen	schlendern
mit einem verletzten Fuß gehen	trampeln waten
zur Blasmusik gehen	rasen schreiten

Das will ich wissen
Interessantes über Pinguine

Ben interessiert sich für Pinguine. Er weiß schon einiges über sie.

Pinguine können schwimmen.	Pinguine haben Federn.	Pinguine sind schwarz-weiß.

Ben hat noch viele weitere Fragen:

Sind Pinguine Vögel?

Können Pinguine fliegen?

Haben Pinguine Feinde?

Was fressen Pinguine?

Bauen Pinguine ein Nest?

Gibt es verschiedene Arten von Pinguinen?

1 Welche Fragen könnt ihr schon beantworten?

2 Was wisst ihr noch über Pinguine?

Informationen einholen

Auf diese Fragen hat niemand in der Klasse eine Antwort:

| Was fressen Pinguine? | Sind Pinguine Vögel? | Wo leben Pinguine? |

Ben liest in einem Tierlexikon nach.

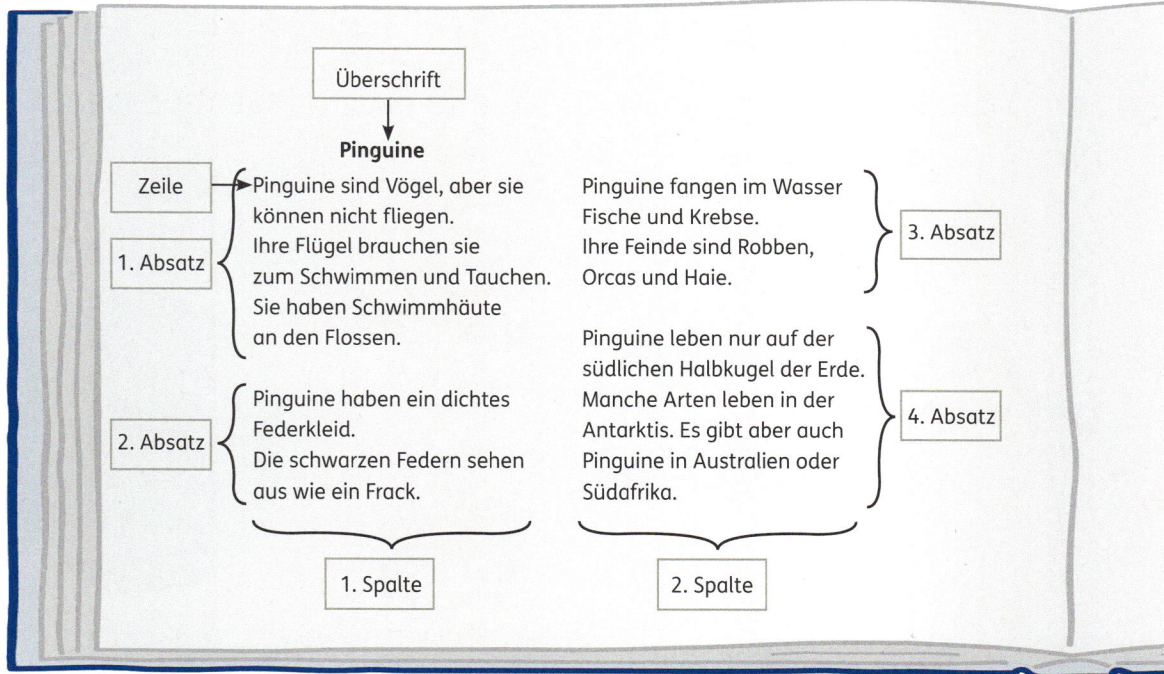

1 Beantwortet die Fragen:
a) Wie heißt die Überschrift?
b) Wie heißt das erste und das letzte Wort im 3. Absatz?
c) Wie heißt das Nomen in der 8. Zeile?
d) Wie heißt das erste und das letzte Wort in der 1. Spalte?

2 Finde heraus, was ein **Frack** ist. Frage jemanden.
Schaue in einem Lexikon nach oder suche auf einer Kindersuchseite.

Ein Plakat vorbereiten

1 Für ein Plakat über Pinguine sollen diese Fragen beantwortet werden:

| Sind Pinguine Vögel? | Haben Pinguine Feinde? |

| Was fressen Pinguine? | Wo leben Pinguine? |

Findet die Antworten zu den Fragen auf der Seite aus dem Tierlexikon auf Seite 39. Schreibt sie auf.

2 Sucht Bilder auf Kindersuchseiten, die zu eurem Plakat passen. Druckt sie aus oder zeichnet sie ab.

Vögel?   Feinde?   Futter?   Lebensraum?

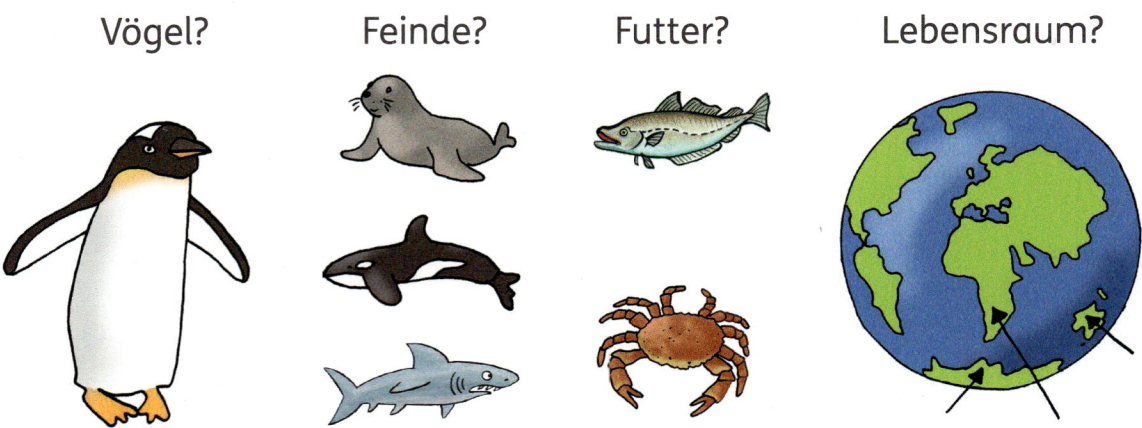

Tipps für ein gutes Plakat
- Formuliert kurze Sätze.
- Schreibt ordentlich mit der Hand oder mit dem Computer.
- Schreibt groß genug und lesbar.
- Findet eine passende Überschrift. Gestaltet sie.
- Ordnet die Fragen, Antworten und Bilder auf dem Plakat übersichtlich an.
- Verwendet Farben.

MK Aufgabe 2

Ein Plakat gestalten

So sieht das Plakat von Ben und Samira aus.

1 Gestaltet ein Plakat zum Thema Pinguine oder zu einem anderen Tier.

2 Präsentiert eure Plakate in einem Museumsgang.
So könnt ihr andere Kinder informieren.

3 Gebt freundliche Rückmeldung.

Mir gefällt besonders gut, dass …	Was meinst du mit … ?
Eine tolle Idee ist, dass …	Hier könntest du noch …

4 Was würdet ihr beim nächsten Plakat anders machen?

Im Internet recherchieren

Ben möchte wissen, wie alt Pinguine werden. Er tippt die Suchwörter **Pinguine** und **Alter** in die Kindersuchmaschine ein.

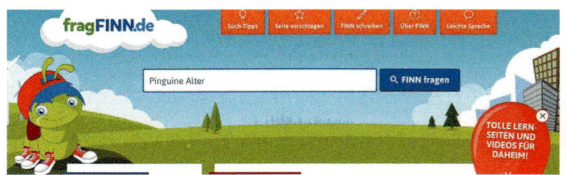 

Dann klickt er mit der linken Maustaste auf  .

Er wählt einen Vorschlag aus und klickt ihn an.

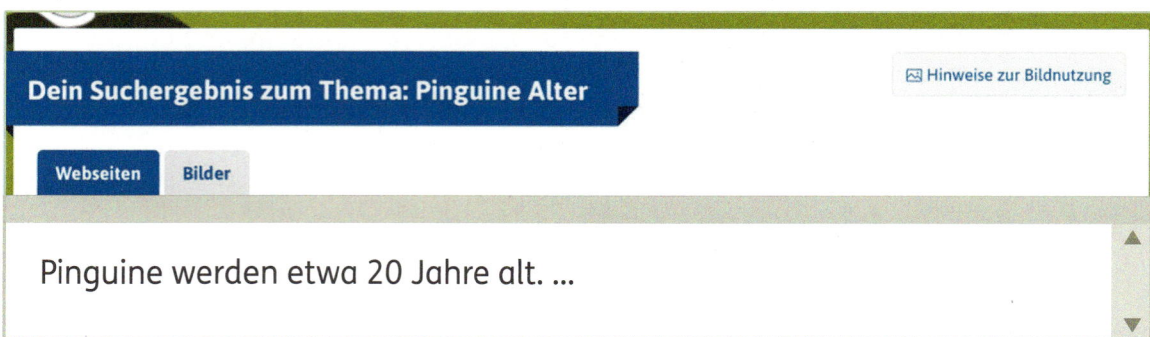

So suchst du richtig im Internet

- Nutze eine Kindersuchseite:
  www.fragfinn.de, www.blinde-kuh.de, www.helles-koepfchen.de,
  www.Klexikon.de, www.Grundschulwiki.de, ...
- Überlege genau, wonach du suchen möchtest.
- Gib möglichst wenige, aber passende Suchwörter ein.
- Das erste Suchergebnis ist nicht immer das Beste.
- Sieh auf mehreren Seiten nach.

Fragesätze

1 Schreibe die Fragen mit den passenden Fragewörtern auf.

.... frisst eine Kuh?

.... ist grau und hat einen Rüssel?

.... schützt sich ein Igel vor Feinden?

.... lebt ein Frosch?

.... schlüpfen Vogelküken aus ihrem Ei?

| Wer? | Wie? |
| Was? | Wo? |
| Wann? |

Fragesätze beginnen oft mit einem **Fragewort**:
Wer? Wie? Was? Wo? Wann?
Nach einer Frage steht ein **Fragezeichen**: ?
Du kannst eine Frage auch am Klangbogen erkennen.

2 Schreibe die Sätze mit den passenden Fragewörtern auf.
Ergänze das Fragezeichen. Zeichne die Klangbögen.

.... hat schwarze und weiße Streifen im Fell

.... muss ein Wal auftauchen

.... heißen die Babys von Hunden

.... frisst ein Pferd

.... lebt ein Löwe

.... hält ein Bär Winterschlaf in seiner Höhle

3 Überlege dir Fragen zu deinem Lieblingstier. Schreibe sie auf.
Denke an das Fragezeichen am Satzende. Zeichne die Klangbögen.

Aussagesätze

1 Lies die Antworten und die Fragen.
Schreibe zu jeder Frage die passende Antwort auf.
Denke an den Punkt am Ende des Aussagesatzes.

Was macht ein Elefant mit seinem Rüssel?	Er wird bis zu 50 Jahre alt
Warum braucht ein Kuckuck kein Nest?	Er hält seinen Winterschlaf von November bis März
Wie alt wird ein Elefant?	Er lebt am Nordpol
Wann hält ein Igel seinen Winterschlaf?	Er atmet und riecht mit seinem Rüssel
Wo lebt ein Eisbär?	Er legt seine Eier in fremde Nester

Nach einem **Aussagesatz** steht ein **Punkt**.
Den Satzanfang schreibt man groß. (Aa?)
Du kannst einen Aussagesatz auch am Klangbogen erkennen.

2 Schreibe die Aussagesätze auf. Achte auf die Großschreibung.
Setze den Punkt am Satzende. Zeichne die Klangbögen.

die Giraffen haben einen langen Hals   die Hühner legen Eier

die Elefanten leben in Afrika   die Katzen jagen Mäuse

3 Lies die Sätze deinem Partnerkind betont vor.

Ausrufe und Ausrufesätze

1 Ben und Samira informieren sich im Internet zum Thema Wale. Sie finden spannende und neue Informationen. Lies vor, was sie rufen.

> Das ist ja toll!

> Wahnsinn!

> Super!

> Das gibt es ja gar nicht!

> Wow!

> Das ist interessant!

Nach einem **Ausruf** oder **Ausrufesatz** steht ein **Ausrufezeichen**: !

2 Schreibe die Sätze ab. Setze die passenden Satzzeichen ein.

Wie groß wird ein Blauwal ●
Ein Blauwal wird so lang wie drei Busse ●
Wahnsinn ● Das ist ja unglaublich ●
Gibt es auch kleinere Wale ●
Der Schweinswal ist eher klein ●
Er wird nur einen Meter lang ●
So klein ● Interessant ●

3 Überlege dir eigene Fragen, Aussagesätze und Ausrufesätze zu einem anderen Tier. Schreibe sie auf.
Lies die Sätze einem anderen Kind richtig betont vor.

→ S. 120 Wörter mit V/v Ⓜ

Zusammen Sachen machen
Die Olchis

Familie Olchi wohnt auf dem Müllberg von Schmuddelfing.
Heute macht sie einen Ausflug mit dem Drachen Feuerstuhl.

1 Erzählt zum Bild.

2 Die Olchis wohnen in Schmuddelfing. Warum heißt dieser Ort so?
Erklärt.

3 Erfindet neue Ortsnamen.
Schreibt so: Mistdorf, ...

Schmuddel-	Mist-	Schrott-
Matsch-	Schmutz-	?

-dorf	-stadt	-hofen
-berg	-hausen	?

Olchi-Sprüche

1 Lest die Sätze. Überlegt, welche Sprüche ein Olchi sagen würde.

Ich brauche noch Stinkesocken für die muffelige Suppe.

Was für ein muffiges, olchiges Lüftchen!

Abwarten und Stinkerbrühe trinken!

Ich möchte gern eine gesunde Suppe essen.

Schön, dass hier alles so sauber ist.

Wo ist unser Stinkekuchen?

Abwarten und Tee trinken!

Ich möchte ein Badewasser mit feinem Duft.

Ich will jetzt ein Schlammbad nehmen.

Du bist ein schlapper Schlammfuß.

Ich fühle mich muffelwohl.

Schmeckt echt krötig!

2 Schreibe die Olchi-Sprüche aus Aufgabe 1 ab.
Unterstreiche die Olchi-Wörter: Ich brauche noch <u>Stinkesocken</u> für …

3 Warum passen die unterstrichenen Wörter gut zur Olchi-Sprache? Erkläre.

Zu den Olchis gibt es viele Bücher und Hörbücher.

Die Olchis haben auch eine eigene Seite im Internet.

→ S. 121 Wörter mit ie ☺   MK Aufgabe 3

Ein Rezept beschreiben

1 Was braucht ihr für eine Brot-Pizza? Beschreibt.

Küchengeräte:
Backofen, Backblech, Backpapier, Löffel, Messer, Schneidebrett

Zutaten:

4 Schreiben Brot

8 Esslöffel Tomatensoße

6 Champignons, geschnitten

8 Esslöffel Käse, gerieben

2 Wie wird die Brot-Pizza zubereitet? Beschreibt so genau, dass anderen das Rezept gelingt.

Zubereitung:

Ein Rezept aufschreiben

1 Welcher Notizzettel passt zu welchem Bild in Aufgabe 2 auf Seite 48?
Lest euch die Notizzettel in der richtigen Reihenfolge vor.

> Bestreiche sie mit Tomatensoße.
> Verteile die Champignons auf den Brotscheiben.

> Streue Käse darüber.
> Backe die Brot-Pizza 10–12 Minuten.

> Belege ein Backblech mit Backpapier.
> Lege die Brotscheiben auf das Backblech.

2 Schreibe das Rezept für die Brot-Pizza auf.
Finde eine passende Überschrift.
Zutaten: 4 Scheiben Brot, …
Zubereitung: Belege ein Backblech …

3 Wähle einen Schluss-Satz für das Rezept.
Schreibe ihn unter dein Rezept.

> Guten Appetit!   Garniere die Brot-Pizza mit Basilikum.

> Dazu passt frischer Salat.   ?

4 Gestaltet ein Klassenkochbuch.
Ihr könnt auch Fotos für euer
Klassenkochbuch machen.

Gruppenarbeit

So kann eure Gruppenarbeit gelingen:

Jeder ist wichtig und sammelt zum Thema Haustiere Bilder und Texte.

Jeder stellt seinen Beitrag vor. Jeder hört gut zu.

Alle gestalten zusammen das Plakat über Haustiere. Alle helfen.

Die Gruppe präsentiert gemeinsam das Plakat.

1 Bearbeitet Aufgabe 3 von Seite 46 in der Gruppe. Achtet auf die Gruppenregeln.

Überlegt auch:
- Wer achtet auf die Zeit?
- Wie schreibt ihr euer Ergebnis auf?
- Wer schreibt? Wer malt?
- Wie stellt ihr den anderen Kindern euer Ergebnis vor?

2 Stellt euer Ergebnis in der Klasse vor.

Anfangsbausteine für Verben

1 Bilde mit den Anfangsbausteinen neue Verben.
Markiere die Anfangsbausteine. Schreibe so: <u>an</u>rufen

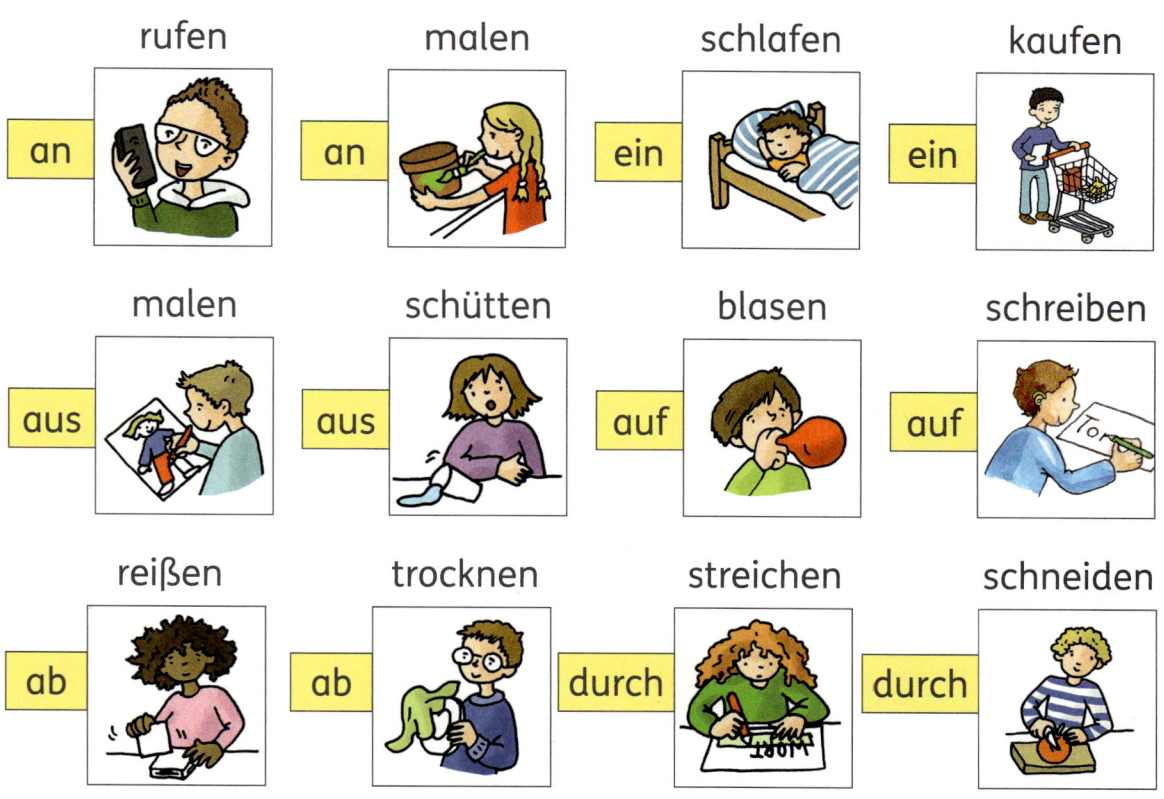

rufen · malen · schlafen · kaufen
an · an · ein · ein

malen · schütten · blasen · schreiben
aus · aus · auf · auf

reißen · trocknen · streichen · schneiden
ab · ab · durch · durch

2 Bilde Verben mit den Anfangsbausteinen. Setze sie in die Lücken ein.
Markiere die Anfangsbausteine. Schreibe so: ein Bilderbuch <u>an</u>schauen

zu · an · ab

schauen: ein Bilderbuch ⟨⟩, beim Spiel ⟨⟩
halten: an der Ampel ⟨⟩, die Tür ⟨⟩

hören: dem anderen gut ⟨⟩, ein Hörbuch ⟨⟩
schließen: die Tür ⟨⟩, den Schlauch ⟨⟩

geben: einen Fehler ⟨⟩, mit dem neuen Roller ⟨⟩
malen: eine Wand ⟨⟩, von der Tafel ⟨⟩

Anfangsbausteine für Verben

1 Setze die passenden Verben ein. Markiere die Anfangsbausteine.
Schreibe so: Ich will dich nicht aus|lachen.

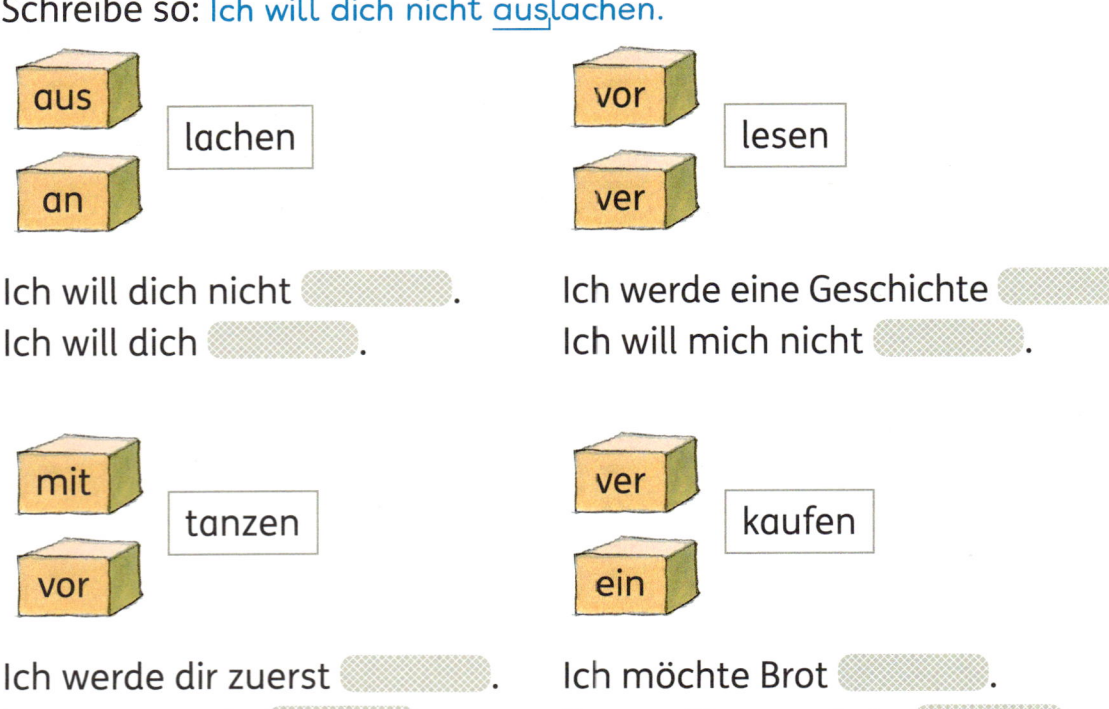

aus
an
lachen

Ich will dich nicht ▢▢▢▢▢.
Ich will dich ▢▢▢▢▢.

vor
ver
lesen

Ich werde eine Geschichte ▢▢▢▢▢.
Ich will mich nicht ▢▢▢▢▢.

mit
vor
tanzen

Ich werde dir zuerst ▢▢▢▢▢.
Dann musst du ▢▢▢▢▢.

ver
ein
kaufen

Ich möchte Brot ▢▢▢▢▢.
Papa will unser Auto ▢▢▢▢▢.

2 Bilde mit den Anfangsbausteinen neue Verben.
Markiere die Anfangsbausteine. Schreibe so: aus|laufen, ...

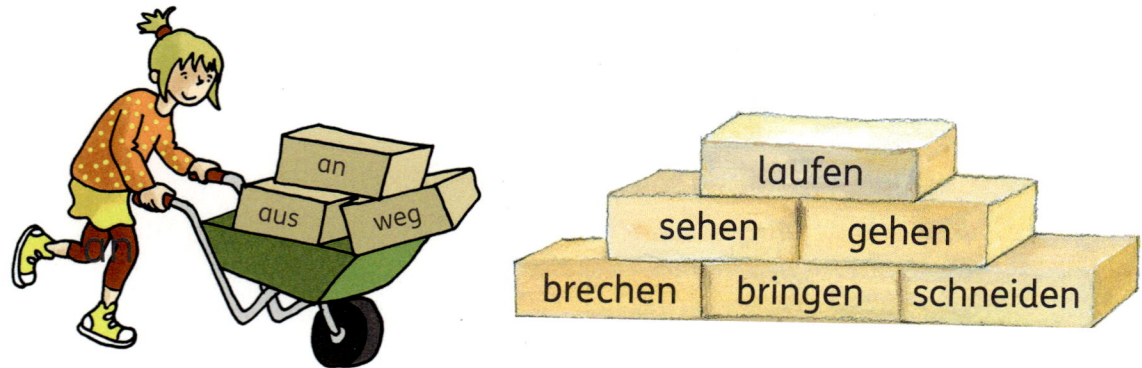

an
aus weg

laufen
sehen gehen
brechen bringen schneiden

Anfangsbausteine verändern die Bedeutung von Verben.

Wortfeld sagen

Warum schreist du so?

1 Schreibe die Wörter aus dem Wortfeld
sagen geordnet auf. Schreibe so:

etwas leise oder normal sagen: flüstern, …
etwas sehr laut sagen: schreien, …

| schreien | flüstern | brüllen | unterhalten | erklären |

| jubeln | begrüßen | fragen | loben | bitten |

2 Setze passende Verben aus Aufgabe 1 ein. Schreibe die Sätze auf.

Frau Berger ⬚⬚⬚⬚ Ella, weil sie Paul hilft.
Anna ⬚⬚⬚⬚ vor Wut.
Der Hausmeister ⬚⬚⬚⬚ Leon am Morgen.
Henry ⬚⬚⬚⬚ Luis um Hilfe.
Anna ⬚⬚⬚⬚ Emil eine Aufgabe.
Marie ⬚⬚⬚⬚ sich mit Samuel.

3 Ersetze **sagt** durch passende Verben aus Aufgabe 1.

Anna **sagt**: „Kommst du mit an den Bach?"
„Juhu!", **sagt** Henry, „das will ich schon so lange."
Auf dem Weg zum Bach erschrickt Henry.
„Da raschelt etwas im Gebüsch!", **sagt** Henry.
Anna **sagt**: „Schau genau hin!
Das ist nur eine winzige Eidechse."

4 Findet weitere Verben zum Wortfeld **sagen**.
Ihr könnt auch im Internet auf einer Kindersuchseite recherchieren.

Tiere
Wie Tiere aussehen

1 Was weißt du über die Tiere? Erzähle.

2 Beschreibt die Tierkinder aus Aufgabe 1.
Verwendet die Stichwörter.

> das Kätzchen

weiches, graues Fell
kleine, spitze Zähne
rosa Zunge

> das Küken

gelber, flauschiger Flaum
oranger Schnabel
kurze Flügel

> das Rehkitz

braunes Fell
weiße Flecken
große, dunkle Augen

> das Fohlen

hellbraunes Fell
dünne, lange Beine
kleine Hufe

3 Wähle ein Tierkind aus Aufgabe 1 aus. Schreibe Sätze dazu.
Verwende die Stichwörter.
Schreibe so: Das Kätzchen hat ein weiches, graues Fell.
        Seine Zähne …
        Die Zunge …

4 Suche Informationen zu deinem Lieblingstier im Internet auf einer
Kindersuchseite.

Tierrätsel

1 Welche Tiere werden hier beschrieben?

Mein Tier ist gefährlich. Es ist groß und schwer. Sein Fell ist weiß. Es lebt im Eis.

Mein Tier lebt im Urwald. Es hat lange Arme und kann gut klettern. Mein Tier ist lustig.

2 Beschreibt ein Lieblingstier. Verratet am Anfang nicht zu viel.

Mein Lieblingstier hat eine faltige Haut.

Ein Elefant!

Nein, es kann Eier legen.

Ein Frosch?

Nein. Es wird sehr alt.

Eine Eidechse!

Nein. Es hat auch einen Panzer.

Eine Schildkröte?

Ja!

Schaut euch freundlich an. Macht eure Rätsel spannend.
Hört einander gut zu.

3 Schreibe ein Tierrätsel zu deinem Lieblingstier.
Diese Fragen helfen dir:

| Wie sieht dein Tier aus? | Was frisst es? | Wo lebt es? |

| Was ist das Besondere an deinem Tier? |

→ S. 125 Wörter mit Pf/pf ⬯

Einen Text verändern

1 Lest den Text abwechselnd.

Brauner Bär, wen siehst denn du?
Ich sehe einen roten Vogel,
der schaut mir zu.

Roter Vogel, wen siehst denn du?
Ich sehe eine gelbe Ente,
die schaut mir zu.

Gelbe Ente, wen siehst denn du?
Ich sehe ein blaues Pferd,
das schaut mir zu.
Eric Carle

Bill Martin Jr · Eric Carle

Brauner Bär,
wen siehst
denn du?

2 Dieser Text hat einen „Bauplan". Beschreibe den „Bauplan".

3 Schreibe zwei Texte auf. Ersetze die Bilder durch Nomen.

, wen siehst denn du?
Ich sehe einen   ,
der schaut mir zu.

, wen siehst denn du?
Ich sehe eine   ,
die schaut mir zu.

, wen siehst denn du?
Ich sehe eine   ,
die schaut mir zu.

, wen siehst denn du?
Ich sehe einen   ,
der schaut mir zu.

4 Schreibe einen weiteren Text aus Aufgabe 3 auf.

Einen Text verändern

1 Schreibe deinen eigenen Text. Verwende den Bauplan.
Finde eine passende Überschrift zu deinem Text.

| rot | grün | lila | weiß | bunt | rosa | ? |

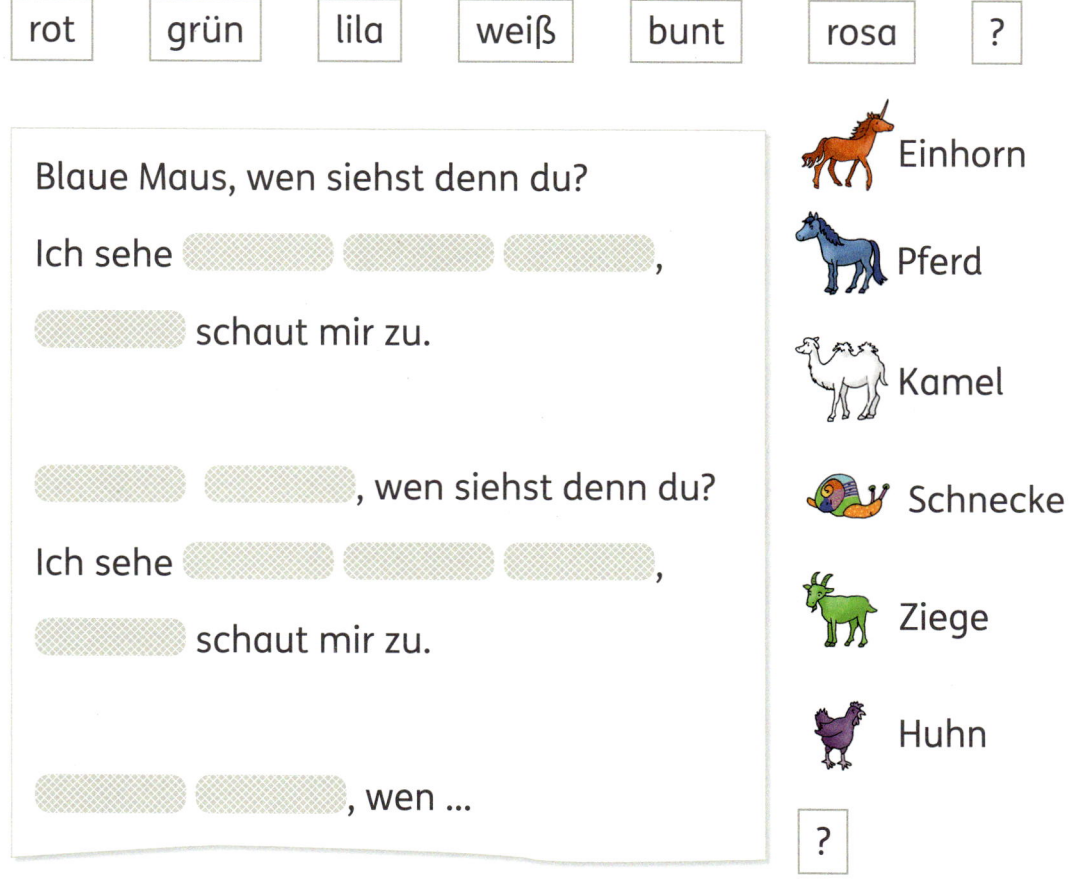

Blaue Maus, wen siehst denn du?

Ich sehe ▨▨▨ ▨▨▨ ▨▨▨,

▨▨▨ schaut mir zu.

▨▨▨ ▨▨▨, wen siehst denn du?

Ich sehe ▨▨▨ ▨▨▨ ▨▨▨,

▨▨▨ schaut mir zu.

▨▨▨ ▨▨▨, wen ...

Einhorn

Pferd

Kamel

Schnecke

Ziege

Huhn

?

2 Lest euch eure Texte vor. Gebt euch freundliche Rückmeldung.

Mir gefällt deine neue Idee, weil ...

Du hast gut mit dem Bauplan gearbeitet.

Ich finde deinen Text sehr lustig und unterhaltsam.

3 Gestalte eine Seite mit deinem Text. Ordne die Sätze übersichtlich an.
Sammelt eure Texte für ein gemeinsames Buch.

Eine Geschichte planen

1 Flo erlebt mit ihrem Hund Struppi lustige Dinge.
Sie will eine Geschichte schreiben und sammelt zuerst Ideen.
Lies die Stichwörter, die Flo für ihre Geschichte gesammelt hat.

Struppi	Opa		Opa	rennen

Wurst   ich

schnappen

Opa   rennen

Opas Küche

hinterher

2 Schreibe die passenden Stichwörter aus Aufgabe 1 zu den Fragen.
Schreibe so: Wer?: Opa, ich, Struppi
                        Wo?: ...

- **Wer** kommt in der Geschichte vor?
- **Wo** spielt die Geschichte?
- **Was** passiert?
- **Wie** endet die Geschichte?

3 Schreibe den Anfang von Flos Geschichte ab.
Schreibe die Geschichte weiter. Finde eine passende Überschrift.

> Ich habe mit meinem Hund Struppi meinen Opa besucht.
> Er hat Würstchen für mich gebraten.
> Dann haben wir uns zusammen an den Tisch gesetzt.
> Plötzlich ...

So kannst du eine Geschichte planen:
Sammle Ideen und Stichwörter. Ordne sie und schreibe.

Adjektive ▲

1 Beschreibt die Kätzchen. Verwendet passende Adjektive.

| Pinki | Lea | Hinzi |

Fell: gestreift   schwarz   rot   **Augen:** blau   grün   grau

Pinki hat ein rotes Fell.

Ihre Augen sind …

2 Schreibe auf, wie die Kätzchen aussehen.

Markiere die Adjektive. Schreibe so: Pinki hat ein ▲rotes Fell. Ihre…

> **1. Beweis: Adjektive** antworten auf die Frage: Wie ist etwas?
> Wie ist Pinkis Fell? rot
> ▲ Das ist das Zeichen für Adjektive.

3 Schreibe die Tiere mit den passenden Adjektiven auf.

Schreibe so: Die Schnecke ist ▲langsam. – eine ▲langsame Schnecke

| Schnecke | Reh | Hase | Fuchs | Eichhörnchen |

| langsam | scheu | schlau | schnell | flink |

Adjektive erkennen und beweisen ▲

1 Beschreibe die Tiere mit einem passenden Adjektiv.
Markiere die Wörter. Schreibe so:

lustig: der lustige Affe, ...

giftig	lustig
riesig	schwer
bunt	gefährlich

> **2. Beweis: ▲ Adjektive** passen zwischen Artikel und Nomen.
>
> der lustige Affe
>
> Adjektive verändern ihre Endung, wenn sie vor einem Nomen stehen.

2 Markiere die Wörter. Schreibe so:

DIE SCHARFEN ZÄHNE	DER LANGE HALS
DAS WEICHE FELL	DIE BUNTEN FEDERN
DER LANGE RÜSSEL	DAS SPITZE HORN

3 Bilde Sätze mit dem Satzbauplan. Schreibe und markiere die Wortarten.

 kleine / gefährliche / bunte  Schlange liegt auf einem Stein.

Die

Adjektive – Gegenteilwörter ▲

1 Lies den Text. Schreibe den Text ab. Markiere die Adjektive.

Schreibe so:  Eins, zwei, drei, ▲ alt ist nicht ▲ neu, ...

Eins, zwei, drei,
alt ist nicht neu,
neu ist nicht alt.

Warm ist nicht kalt,
kalt ist nicht warm,
reich ist nicht arm.

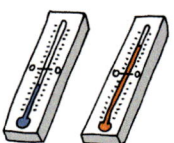

> **3. Beweis:** ▲ Zu vielen Adjektiven gibt es ein Gegenteilwort.
>
> alt – neu   warm – kalt   reich – arm

2 Findet die Gegenteilwörter: laut – leise, ...

| laut | schmutzig | dick | leicht | traurig | klein |

| lustig | groß | leise | dünn | sauber | schwer |

3 Setze passende Adjektive aus Aufgabe 2 ein. Markiere die Adjektive.

Schreibe so: ▲ ein lustiger Clown – ▲ ein trauriger Clown, ...

ein _____ Clown – ein _____ Clown
ein _____ Tuch – ein _____ Tuch
eine _____ Katze – eine _____ Katze
eine _____ Kiste – eine _____ Kiste

4 Finde das passende Gegenteilwort. Schreibe so: leer - ...

| leer | hungrig | glatt | billig | langweilig |

→ S. 127 Offene und geschlossene Silben ☺

Dies und das mit Spiel und Spaß
Ein Traumschulhaus

1 Im Traumschulhaus gibt es ungewöhnliche Zimmer mit besonderen Namen. Beschreibe die verschiedenen Zimmer.

Sternguckerzimmer

Dieses Zimmer liegt unter dem Dach.
Das Dach ist aus Glas. Kinder dürfen hier
nur nachts lernen.
Bei schlechtem Wetter ist schulfrei.

Wolkenschaukelzimmer

Vom Dach bis zum Keller gibt es eine Rutschbahn!

Farbenzimmer

Kuschelkissenzimmer

Es gibt dort weiche Kissen
und kuschelige Decken.
Hier darf sich jeder ausruhen,
der nicht mehr aufpassen möchte.

Sportzimmer

2 Vier Zimmer im Traumschulhaus haben noch keinen Namen.
Wie könnten sie heißen? Schreibe auf.

3 Besprecht, wie euer Traumschulhaus aussehen soll.
Malt selbst ein Zimmer dafür.
Klebt aus euren Bildern euer Traumschulhaus.

Traumschulhaus-Wörter

1 Im Traumschulhaus haben die Schulsachen besondere Namen.
Ordne zu. Schreibe so: das Wörterversteck – das Buch, ...

der Rückenkoffer

der Strichezieher

der Buchstabenfresser

die Kreidewand

der Tintensammler

das Wörterversteck

das Internethaus

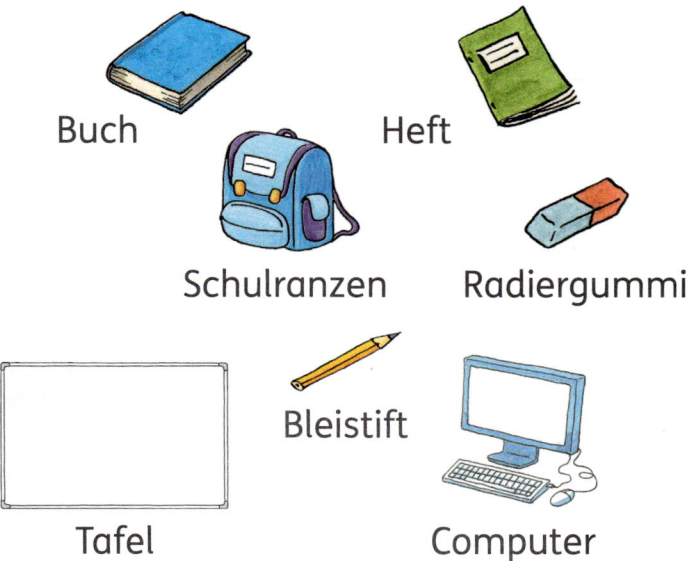

Buch   Heft

Schulranzen   Radiergummi

Bleistift

Tafel   Computer

2 Ersetze die blauen Traumschulhaus-Wörter durch
die passenden Schulsachen. Schreibe den Text neu.
Ergänze weitere Sätze.

Im Traumschulhaus
Tom wischt die Kreidewand.
Max spitzt seinen Strichezieher an.
Luisa liest in einem Wörterversteck.
Nele sucht ihren Buchstabenfresser.
Ali teilt Tintensammler aus.

Hat jemand mein
Wörterversteck gesehen?

3 Überlegt euch Traumschulhaus-Wörter für die Gegenstände.
Schreibt so: Ein Lineal heißt ...

Lineal   Schere   Malkasten   Pinsel   Kreide

→ S. 128 Wörter mit Doppelkonsonanten ☺
→ S. 129 Wörter mit Doppelkonsonanten ☺

Eine Geschichte planen

1 Finde mit Krok dein Fantasietier.

Krok sammelt Nomen.

Krok sammelt Nomen für Tiere.

Krok findet sein Fantasietier.

Mond   Schloss

Trommel   …

Esel   Löwe

Kuh   …

↓

Mond   Kuh

2 Bildet wie Krok Nomen für Fantasietiere.

3 Plane eine Geschichte über dich und dein Fantasietier.
Beantworte die Fragen des Schreibgerüsts in Stichwörtern.

1. Wo habt ihr euch getroffen?	in einer Höhle, …
2. Wie sieht dein Fantasietier aus?	rotes Fell, goldenes Horn, …
3. Was habt ihr gemeinsam erlebt?	einen Schatz gefunden, …
4. Wie geht die Geschichte zu Ende?	teilen und Foto machen, …

4 Schreibe eine Geschichte zu deinem Fantasietier. Male.

Eine Geschichte überarbeiten

1 Lest die Geschichte von Olga.
Sprecht über die Geschichte.
Sprecht über die Rückmeldungen.

> **Musiklöwe**
> Ich war mit meinen Eltern im Wald.
> Ich habe den Musiklöwen getroffen.
> Er macht gern Musik. Ich habe mit
> ihm Klavier gespielt.

Toll! Jetzt weiß ich, dass ihr euch im Wald getroffen habt.

Ich habe einen Tipp: Du kannst unterschiedliche Satzanfänge verwenden.

Mir gefällt gut, dass ihr gemeinsam Klavier gespielt habt.

Ich habe eine Frage: Wie geht die Geschichte mit dem Musiklöwen zu Ende?

Mein Tipp für dich: Schreibe, wie der Musiklöwe aussieht.

2 Lest die Geschichte zu eurem Fantasietier vor.
Gebt euch freundliche Rückmeldung.

Mir gefällt gut, dass …	Ich habe eine Frage …	Ich habe einen Tipp …

3 Überarbeite deine Geschichte. Beachte die Rückmeldungen der anderen Kinder.
Was willst du bei deinem nächsten Text besser machen?

4 Präsentiert eure Geschichten. Gestaltet eine Ausstellung.

Schreibkonferenz

1 Was gefällt euch gut bei Neles Geschichte? Gebt Rückmeldung.

> ### Der Keller
> Tim und Tom sind Gespenster. Tim und Tom leben im Keller in
> der Schule. Tim und Tom gehen in die Klassenzimmer, wenn es
> dunkel ist. Tim und Tom haben die Hefte und Stifte von den
> Kindern versteckt.

2 Was kann Nele an ihrer Geschichte verbessern? Sprecht über die Tipps.

Nele macht mit ihren Freunden eine Schreibkonferenz.

Mir gefällt, dass du geschrieben hast, wo die Gespenster leben.

Meine Tipps für dich: Du kannst unterschiedliche Satzanfänge verwenden.

Du kannst noch schreiben, dass die Kinder früher nach Hause gehen durften.

> **Ablauf einer Schreibkonferenz**
>
> 1. Ein Kind liest seine Geschichte deutlich und betont vor.
>   Die anderen hören gut zu.
> 2. Das Kind wird von der Gruppe gelobt.
>   Besonders gut ist, dass …   Mir gefällt, dass …   Toll, dass …
> 3. Die Gruppe gibt dem Kind Tipps.
>   Du kannst noch schreiben, dass …
>   Ich habe nicht verstanden, warum …
> 4. Das Kind überarbeitet seine Geschichte und schreibt sie nochmal.

3 Überarbeitet Neles Geschichte. Schreibt sie neu.

Zusammengesetzte Nomen ▲

1 Bilde zusammengesetzte Nomen. Unterstreiche das Nomen, das zum Bild passt. Schreibe so: der <u>Regenschirm</u>, die Regenwolke

| Regen | Schirm | |
| | Wolke | |

| Haus | Tier | |
| Stoff | | |

| Märchen | Prinz | |
| | Schloss | |

| Mutter | Tag | |
| Vater | | |

| Schnee | Ball | |
| | Mann | |

| Apfel | Saft | |
| Kirsch | | |

2 Bilde zusammengesetzte Nomen.
Schreibe sie mit dem Zeichen für Nomen ▲.
Markiere die Nahtstelle.

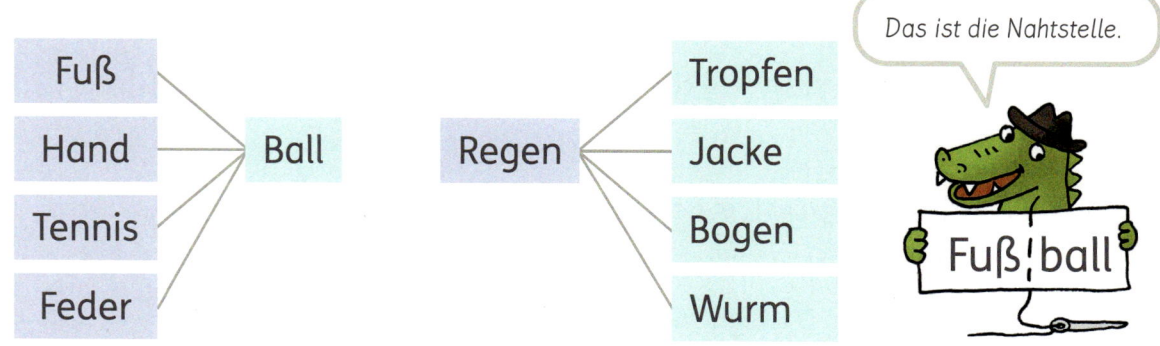

Fuß
Hand — Ball
Tennis
Feder

Regen — Tropfen
Jacke
Bogen
Wurm

Das ist die Nahtstelle.

Fuß┆ball

> **Nomen** kann man zusammensetzen.
> Mit zusammengesetzten Nomen kann man genauer beschreiben.

3 Schreibe mindestens vier zusammengesetzte Nomen mit dem Wort **Schule**.

Zusammengesetzte Nomen ▲

1 Löse die Rätsel. Das Bild und das blaue Nomen ergeben die Lösung.
Schreibe so: Der Wasserhahn kann nicht krähen.

 Welcher Hahn kann nicht krähen?

 Welcher Schuh passt nicht an den Fuß?

 Welche Schlange braucht kein Essen?

 Welche Beine können nicht gehen?

 Welchen Nagel kannst du nicht in die Wand schlagen?

 Welche Augen können nicht sehen?

2 Zerlege die zusammengesetzten Nomen.
Schreibe so: die Bienenkönigin – die Bienen, die Königin

| die Bienenkönigin | der Blumenkasten | der Tomatensalat |

| der Augenarzt | die Bananenmilch | das Gartenfest |

3 Welches zusammengesetzte Nomen ist gemeint?
Markiere den zusätzlichen Buchstaben an der Nahtstelle.
Schreibe so: a) die Suppe, der Löffel – der Suppenlöffel

a) ein Löffel, mit dem man Suppe isst
b) ein Brot, das mit Marmelade bestrichen ist
c) ein Stich, den man von einer Wespe bekommt
d) eine Brille, die man bei heller Sonne benutzt
e) eine Fee, die Glück bringt

Zusammengesetzte Nomen ▲

1 Erklärt die Wörter.

der Angsthase

der Bücherwurm

der Glückspilz   der Unglücksrabe

die Autoschlange   der Pechvogel

der Fehlerteufel   der Denkzettel   die Eselsbrücke

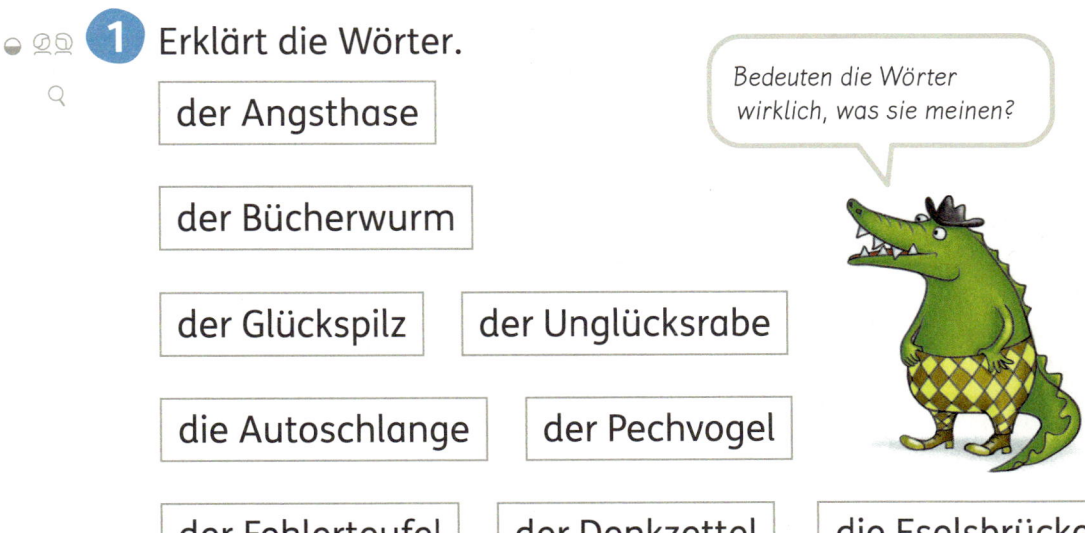

Bedeuten die Wörter wirklich, was sie meinen?

2 Bilde aus den zusammengesetzten Nomen eine besondere Wortreihe.
Schreibe so: das Stofftier, der Tiergarten, ...

Stofftier – Gartenhaus – Türschloss – Tiergarten – Haustür

Schlossgespenst – Stundenplan – Gespensterstunde – Türschloss

Bauernhof – Futterschüssel – Hundefutter – Hofhund

Blumentopf – Eisblume – Topfdeckel – Erdbeereis

3 Findet eigene Wortreihen wie in Aufgabe 2.

4 Was war leicht für dich? Wo hattest du Schwierigkeiten?
Beschreibe.

→ S. 130 Sätze abschreiben

So fern und doch so nah
Die Zeitreise mit der Zeitmaschine

1 Zwei Kinder gehen auf Zeitreise. Gebt den Kindern im Comic Namen und wandert mit ihnen mit. Erzählt.

2 Betrachtet die Bildergeschichte genau.

- Wo entdecken die Kinder die Zeitmaschine?
- Was haben sie vor?
- Was geschieht dann?
- In welcher Zeit landen sie?

3 Erzählt die Geschichte. Verwendet passende Adjektive.

| neugierig | mutig | vergnügt | erschrocken | gespannt |
| ängstlich | tapfer | freundlich | lustig | froh |

4 Wie könnte die Geschichte weitergehen? Malt das letzte Comic-Bild und schreibt dazu. Stellt eure Ideen der Klasse vor.

→ S. 132 Wörter mit St/st und Sp/sp   MK Aufgabe 4

Das Zeitreisespiel

1 Die Kinder haben ein Zeitreisespiel gebastelt.
Beschreibt den Spielplan.

2 Sie haben Aufgabenkarten geschrieben. Auf der Rückseite stehen
die Antworten. Sprecht darüber, welche Antworten zu den Aufgaben
passen.

Was sind Fossilien?

Wann gab es die ersten
Dinosaurier?

Vulkane

Wie heißen Berge,
die Feuer spucken?

vor 250 Millionen
Jahren

Nenne zwei Arten
von Dinosauriern.

Stegosaurus,
Spinosaurus

versteinerte Lebewesen

3 Schreibt Aufgabenkarten für das Zeitreisespiel.
Sucht im Internet auf einer Kindersuchseite nach interessanten
Informationen für eure Mitspieler.

MK Aufgabe 3

Ein Zeitreisespiel entsteht

1 Gestaltet auch ein Zeitreisespiel. Überlegt:
- Wie gestaltet ihr die Dinosaurier-Landschaft?
- Wie viele Felder soll die Spielstraße haben?
- Wo sind Start und Ziel?
- Wie viele Sonnen-Felder, Aufgaben-Felder und schwarze Felder gibt es? Wo verteilt ihr sie in der Spielstraße?

2 Gestaltet euer Spielfeld. Ihr könnt malen, mit Buntpapier arbeiten, kleben und Spielfiguren basteln.

3 Schreibt die Spielanleitung in der richtigen Reihenfolge auf. Nummeriert die Spielregeln weiter.

- Wer auf ein Sonnenfeld kommt, darf zwei Felder vorrücken.

- Wer zuerst genau ins Ziel kommt, hat gewonnen.

3. Nun würfeln alle reihum. Die höchste Zahl darf beginnen.

2. Jedes Kind wählt seine Spielfigur aus.

1. Zuerst werden die Aufgabenkarten ausgelegt.

- Wer auf ein schwarzes Feld kommt, setzt eine Runde aus.

4. Wenn du auf ein Feld mit A kommst, ziehe eine Karte und löse die Aufgabe.

Der rote Faden

Eine Geschichte braucht einen roten Faden.

1 Betrachtet die Bilder. Wie beginnt die Geschichte? Wie geht sie weiter? Wie könnte sie enden? Erzählt und verwendet dazu die letzten drei Bilder in der richtigen Reihenfolge.

2 Ordnet die Sätze mit dem roten Faden aus Aufgabe 1. Schreibt sie in der richtigen Reihenfolge auf: 1. Paula steigt ...

1. Paula steigt in die Zeitmaschine.
4. Das Kamel lässt Paula aufsteigen.
2. Sie landet in Ägypten.
3. Plötzlich begegnet sie einem Kamel.
5. Das Kamel läuft mit Paula zum Nil.
● Zu Hause jubelt Paula, denn ...
● Dort schenkt das Kamel Paula ein Ei.
● Vorsichtig trägt Paula das Ei zur Zeitmaschine.

Mit dem roten Faden bringst du Bilder, Sätze und Gedanken in die richtige Reihenfolge.

74

Wortfamilien

1 Hier sind die Wortfamilien **reisen** und **fahren**. Schreibe die Wörter auf. Markiere den Wortstamm: reis / Reis, fahr / Fahr.
Schreibe so: reisen, ...

reisen   reist
Reisende   Reise
Abreise   verreisen

Vorfahrt fahren Fahrt
abfahren fahrbar fahre

Wörter mit dem gleichen Wortstamm gehören zu einer **Wortfamilie**.
reisen, abreisen, Reise ...

2 Schreibe die Wörter nach drei Wortfamilien geordnet auf.
Markiere in jedem Wort den Wortstamm: spiel / Spiel,
rutsch / Rutsch, mal / Mal. Schreibe so: spielen, ...

malen	spielen	anmalen	rutschen	ausrutschen
ausmalen	abmalen	Spiel	rutschig	Maler	Anspiel
Rutsche	zuspielen	gemalt	gespielt	gerutscht	Spieler

3 Schreibe die Sätze mit den passenden Wörtern aus
der Wortfamilie **spielen** auf. Markiere den Wortstamm.

Fußball ist ein tolles ▒▒▒▒▒.
Hannah hat heute sehr gut ▒▒▒▒▒ .
Emil ist ein toller ▒▒▒▒▒ .
Ich ▒▒▒▒▒ sehr gern Handball.
▒▒▒▒▒ du in meinem Team mit?

Denke an die Wortfamilie.

Wortstamm ⊞

> *Achtet bei den Nomen auf die Großschreibung und den Wortstamm.*

1 Bildet Wörter zur Wortfamilie **lesen**. Schreibt so: vorlesen, ...

Anfangsbaustein	Wortstamm	Endbaustein
vor ge	les	en er
ver un		e bar

> Jedes Wort hat einen **Wortstamm** als Hauptbaustein.
> Der Wortstamm bleibt meist gleich: vorlesen, lesen, lesbar

2 Setzt Wörter aus der Wortfamilie **lesen** ein. Schreibt die Sätze.
Markiert den Wortstamm.

In der Schule ░░░░░░ wir eine Geschichte.
Ich darf der Klasse ░░░░░░. Am liebsten ░░░░░░ ich Märchen.
Ich bin ein fleißiger ░░░░░░. Was ░░░░░░ ihr?
Heute habe ich schon einen Comic ░░░░░░.

3 Bilde Wörter zur Wortfamilie **hören**.
Markiere den Wortstamm und die Wortart mit den Symbolen.
Schreibe so: Zuhörer ▲ , hören ● , hörbar ▲ , ...

Anfangsbaustein	Wortstamm	Endbaustein
zu ver an un	hör	en t er bar

4 Bilde Sätze mit den Wörtern aus der Wortfamilie **hören**.
Schreibe sie auf. Markiere den Wortstamm.

hören	hörbar	zuhören	anhören	Hörer	das Verhör

→ S. 133 Wörter mit Ä/ä ⑤
→ S. 134 Wörter mit Äu/äu ⑤

Wortstamm ⊞

1 Schreibe die Sätze mit den passenden Wörtern.
Markiere den Wortstamm.

| Abfahrt | fahren | gefährlich | fahre | fährt |

Heute _____ wir mit dem Rad.
Bei der _____ ist es noch dunkel.
Das ist ziemlich _____ .
Ben _____ voraus.
Ich _____ ihm langsam nach.

2 Welches Wort gehört nicht in die Zeile? Schreibe die richtigen Wörter
auf. Markiere den Wortstamm. Schreibe so: fahren, ...

| fahren | vorfahren | Fahne | Einfahrt | fahrbar |

| Pfeife | Pfeil | pfeifen | pfeift | Pfeifer |

| Zeit | Zeiger | anzeigen | zeigen | vorzeigen |

| reich | Reichtum | reisen | erreichen | gereicht |

| spielen | Spieler | Spiel | Spitze | vorspielen |

3 Bilde mit dem Wortstamm die passenden Wörter. Schreibe.

Der Käfer _____ mit seinen _____ .
Wohin _____ diese freche _____ ?
Zu meinen _____ bin ich immer _____ .
So schnell kann dieser _____ _____ .

| fühl |
| flieg |
| freund |
| lauf |

Kunterbunte Gefühle
Gefühle zeigen

1 Singt und klatscht das „Lied von den Gefühlen".
Macht Bewegungen und Geräusche dazu.

1. Wenn ich glück-lich bin, weißt du was?

Ja, dann hüpf ich wie ein Laub-frosch durch das Gras.

Sol-che Sa-chen kom-men mir so in den Sinn,

wenn ich glück-lich bin, glück-lich bin.

Text & Melodie: Klaus W. Hoffmann

Wenn ich wütend bin, sag ich dir,
ja, dann stampf und brüll ich
wie ein wilder Stier …

Wenn ich albern bin, fällt mir ein,
ja, dann quiek ich manchmal
wie ein kleines Schwein …

Wenn ich traurig bin, stell dir vor,
ja, dann heul ich wie ein Hofhund
vor dem Tor …

Wenn ich fröhlich bin, hör mal zu,
ja, dann pfeif ich wie ein bunter
Kakadu …

2 Was tust du, wenn du mutig oder ängstlich bist?
Erzähle und schreibe.

| Wenn ich mutig bin, dann … | Wenn ich ängstlich bin, dann … |

3 Wann und wie macht dir Lernen Spaß? Schreibe auf.

MK Aufgabe 1

Gefühle verstehen

 **1** Was meinst du: Welche Wörter passen zu den Bildern?
Schreibe so: Samira sieht traurig aus. ...

| glücklich | wütend | entspannt | traurig | froh | nachdenklich |

Samira

Luisa

Haru

Greta

Ben

Luis

2 Jeder Mensch hat Gefühle. Gefühle haben oft einen Grund.
Warum fühlen sich die Kinder so? Erzählt und schreibt:
Jakob ist unglücklich, weil sein Opa krank ist. ...

| froh | stolz | glücklich | wütend | traurig | mutig |

Jakob hat ein tolles
Bild gemalt.

Struppi bekommt
eine Wurst.

Rubens bester Freund spielt
mit einem anderen Kind.

Luisa hat ein Spiel verloren.

Ella springt vom
3-Meter-Brett.

Emil hat sein
Mäppchen gefunden.

Ein Gedicht verändern

1 Lest das Gedicht. Wechselt euch ab. Lernt es auswendig.

Hausspruch

In meinem Haus,
da wohne ich,
da esse ich,
da schlafe ich.

Und wenn du willst,
dann öffne ich
die Tür
und lasse dich ein.

In meinem Haus,
da lache ich,
da weine ich,
da träume ich.

Und wenn ich will,
dann schließe ich
die Tür
und bin allein.

Gina Ruck-Pauquèt

2 Schreibe Julians Gedicht ab. Vergleiche es mit dem Gedicht aus
Aufgabe 1. Unterstreiche die Wörter, die sich verändert haben.

In meinem Haus,
da spiele ich,
da koche ich,
da tanze ich.

Und wenn du willst,
dann öffne ich
die Tür
und lasse dich ein.

In meinem Haus,
da lache ich,
da zittere ich,
da tobe ich.

Und wenn ich will,
dann schließe ich
die Tür
und bin allein.

von Julian

Ein Gedicht verändern

1 Sammelt Wörter.

Dort darf ich wohnen:
in meinem Schloss, in meiner Hütte,
in meinem Baumhaus, in meinem Raumschiff, ...

Das kann ich dort tun:
turnen, pfeifen, klettern, fliegen, tanzen, schweben, ...

2 Schreibe dein eigenes Gedicht schön und übersichtlich.

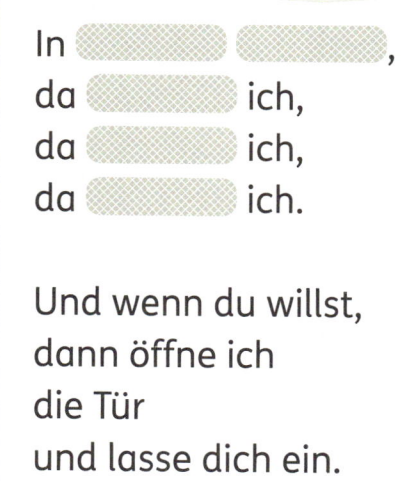

In ░░░░░░ ░░░░░░,
da ░░░░░ ich,
da ░░░░░ ich,
da ░░░░░ ich.

Und wenn du willst,
dann öffne ich
die Tür
und lasse dich ein.

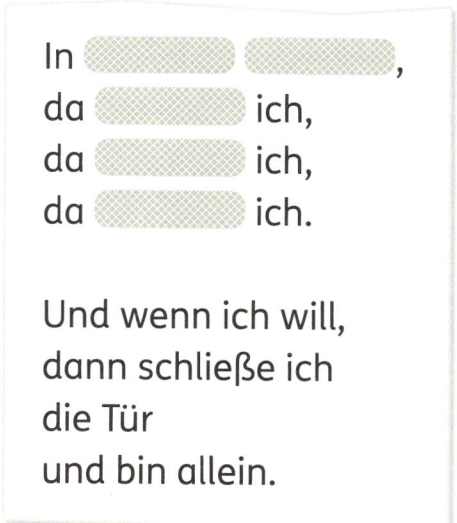

In ░░░░░░ ░░░░░░,
da ░░░░░ ich,
da ░░░░░ ich,
da ░░░░░ ich.

Und wenn ich will,
dann schließe ich
die Tür
und bin allein.

3 Lest eure Gedichte vor. Gebt euch freundliche Rückmeldung.

| Was gefällt dir an dem Gedicht besonders gut? | Wurde das Gedicht gut vorgetragen? Warum? |

4 Schreibe das Gedicht aus Aufgabe 2 in der du-Form auf. Schreibe so:
In deinem Haus,
da ░░░░░░ du, ...

Ein Leporello herstellen

1 Dieses Leporello besteht aus einem Blatt Papier. Falte das Leporello.

2 Ordne deinen Gefühlen Farben zu. Schreibe so:

gelb: fröhlich, glücklich, grau: …

gelb	grau
rot	grün
blau	schwarz
bunt	

traurig   glücklich   lustig

unglücklich   geborgen

einsam   allein   zornig

wütend   heiter   nachdenklich

entspannt   fröhlich

3 Gestalte dein Gefühls-Leporello. Schreibe und male.

82

Passende Verben verwenden

1 Was tust du, wenn du fröhlich, ... bist?
Erzählt und spielt euch gegenseitig vor.

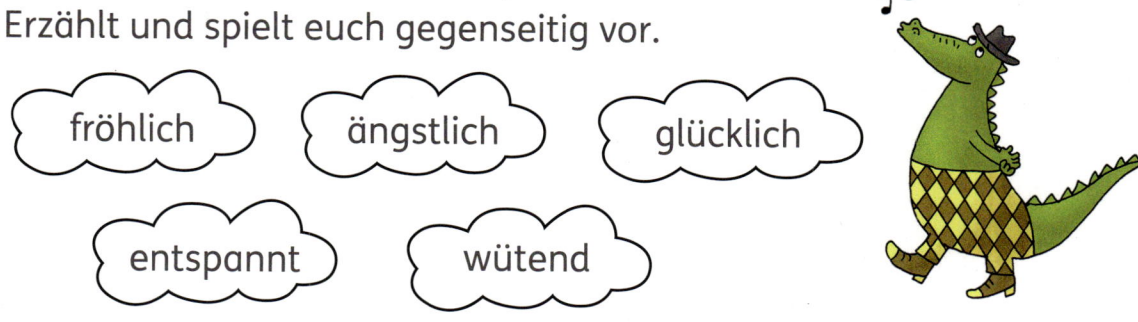

fröhlich ängstlich glücklich

entspannt wütend

verkriechen	pfeifen	träumen	springen	weinen
singen	lachen	schimpfen	verstecken	hüpfen
brüllen	schweben	stampfen	tanzen	brummen

2 Was tust du, wenn du fröhlich, ... bist?
Schreibe passende Verben zu den Adjektiven.
Schreibe so: fröhlich: pfeifen, hüpfen, ...

3 Ergänze die Lückensätze.
Schreibe so: Wenn ich fröhlich bin, fühle ich mich ganz leicht. ...

Wenn ich fröhlich bin, fühle ich mich ganz ⬚⬚⬚⬚.

Wenn ich traurig bin, muss ich manchmal ⬚⬚⬚⬚.

Wenn ich nachdenklich bin, ⬚⬚⬚⬚ ich ganz leise.

Wenn ich aufgeregt bin, ⬚⬚⬚⬚ mein Herz ganz laut.

4 Schreibe zu fünf Verben aus Aufgabe 1 Sätze.

→ S. 135 Wörter mit tz und ck ☺

Sätze umstellen

1 Ordne die Wörter zu Sätzen. Schreibe so: Emil singt vor Freude.

Emil vor Freude singt

Henry ganz laut lacht

Oma meine nimmt Hand

Bruder ihren Anna umarmt

stampft Marie ihren Füßen mit

Achte auf den Punkt am Satzende.

2 Stelle jeden Satz um. Schreibe so:
Emil singt vor Freude. Vor Freude singt Emil. ...

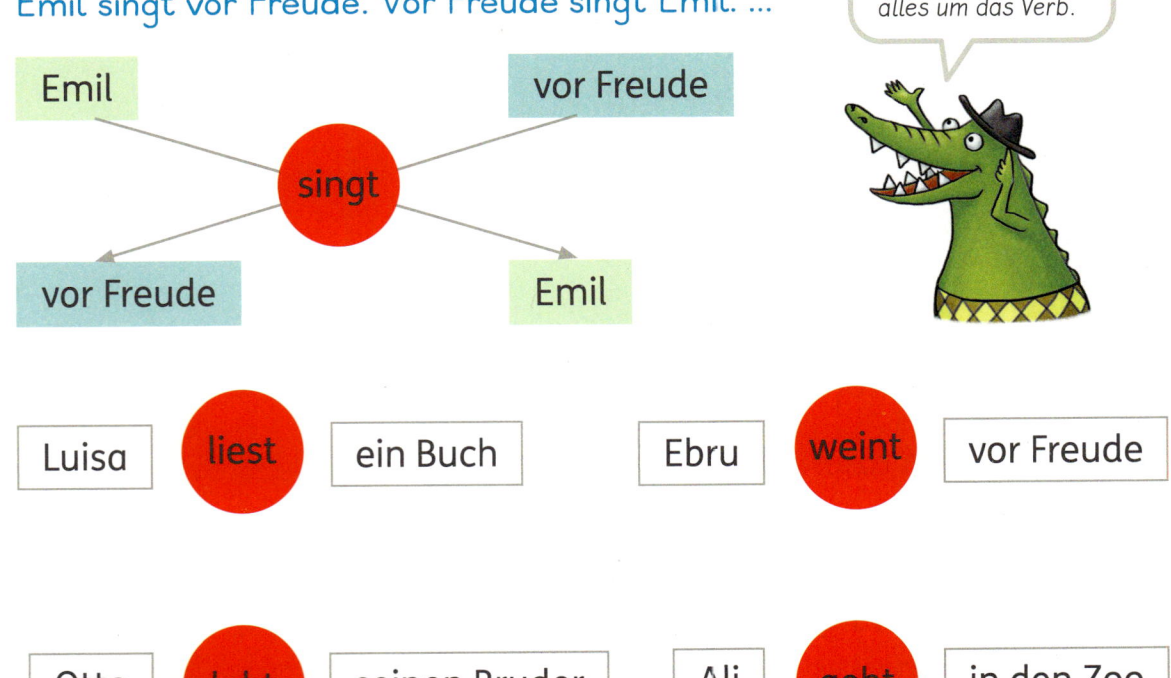

Im Satz dreht sich alles um das Verb.

Emil · singt · vor Freude
vor Freude · Emil

Luisa · liest · ein Buch   Ebru · weint · vor Freude

Otto · lobt · seinen Bruder   Ali · geht · in den Zoo

3 Was fällt euch bei den umgestellten Sätzen aus Aufgabe 2 auf?

Sätze erweitern

1 Lasst den Satz wachsen.

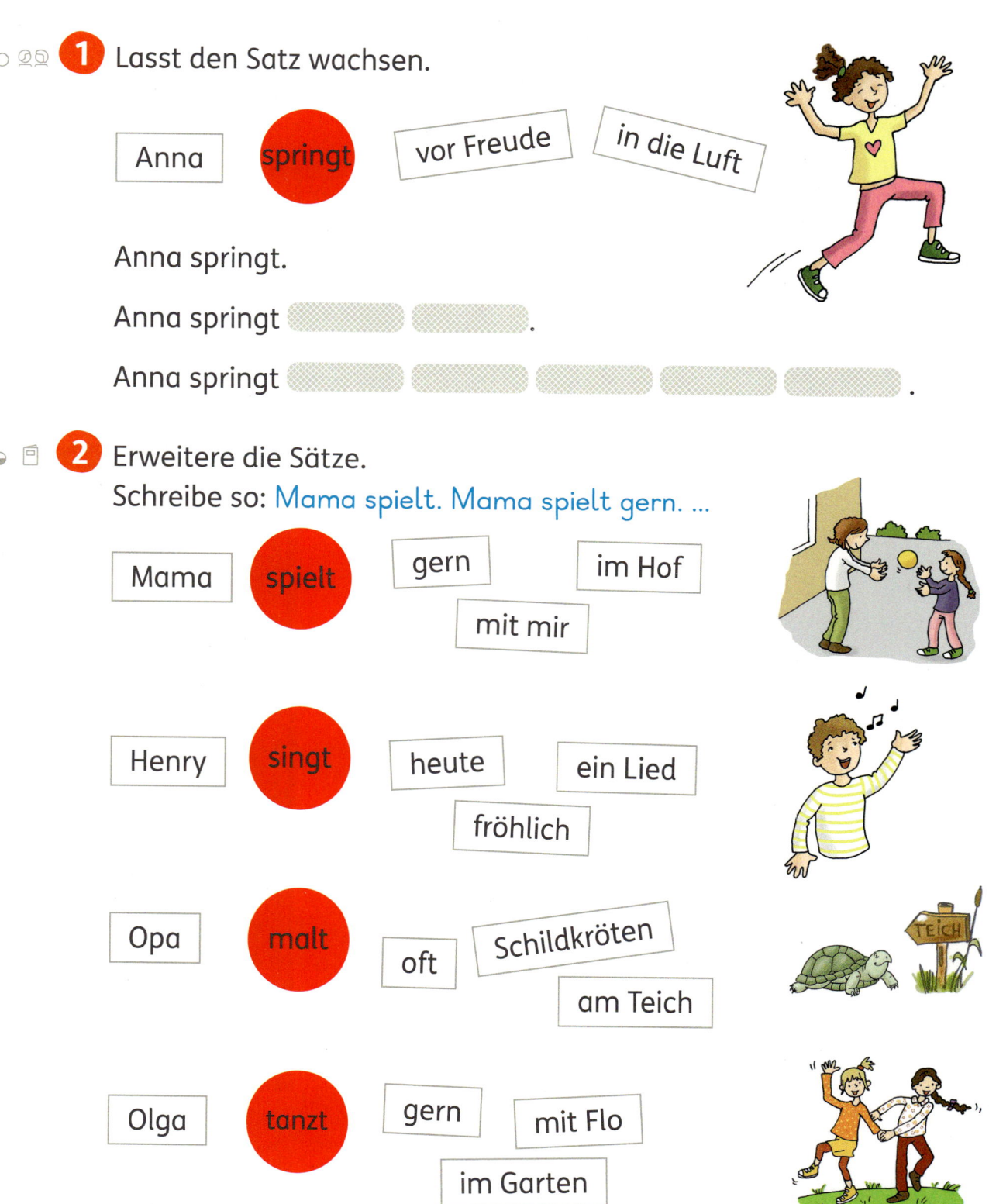

Anna | springt | vor Freude | in die Luft

Anna springt.

Anna springt ▨▨▨▨ ▨▨▨▨ .

Anna springt ▨▨▨▨ ▨▨▨▨ ▨▨▨▨ ▨▨▨▨ ▨▨▨▨ .

2 Erweitere die Sätze.
Schreibe so: Mama spielt. Mama spielt gern. …

Mama | spielt | gern | im Hof | mit mir

Henry | singt | heute | ein Lied | fröhlich

Opa | malt | oft | Schildkröten | am Teich

Olga | tanzt | gern | mit Flo | im Garten

→ S. 136 Mit der Übungskartei arbeiten

Wir Kinder dieser Welt
Schule in aller Welt

1 Lest die Texte. Stellt euch gegenseitig Fragen:
Wie lange haben die Kinder im Senegal an einem Tag Unterricht?

Rumänien

In Rumänien geht ein Teil der Kinder
vormittags in die Schule, ein anderer
Teil nachmittags. In der Grundschule
gibt es nur vier Noten.
„Hund" heißt auf Rumänisch câine.
„Vogel" heißt auf Rumänisch pasăre.

Senegal

Im Senegal dauert die Schule von
8 bis 18 Uhr. Auch am
Samstagvormittag ist Unterricht.
Die Kinder lernen arabische Schriftzeichen.
بقرة bedeutet „Kuh".
ثعبان bedeutet „Schlange".
Manche Kinder dürfen nicht in die Schule
gehen. Sie müssen arbeiten und Geld für
die Familie verdienen.

Griechenland

In Griechenland gehen die Kinder
6 Jahre lang in die Grundschule.
Die Kinder lernen das griechische Alphabet.
Es beginnt so: Alpha, Beta, Gamma, Delta.
Das sind die Buchstaben a, b, c, d.

α	β	γ	δ
Alpha	Beta	Gamma	Delta

China

In China müssen die Kinder mindestens 2000 Schriftzeichen lernen. Erst dann können sie ein Buch lesen.

马 bedeutet „Pferd".
猫 bedeutet „Katze".

Nach der Schule gehen viele Kinder noch in eine Nachhilfeschule. Danach müssen sie noch Hausaufgaben machen. Gute Noten sind für Familien in China besonders wichtig.

Kanada

In Kanada gehen die Kinder am Vormittag und am Nachmittag in die Schule. Der Unterricht ist auf Englisch oder auf Französisch.
„Baum" heißt auf Englisch „tree"
und auf Französisch „arbre".
Jede Lehrkraft hat ihr eigenes Klassenzimmer. Deswegen müssen die Kinder immer wieder das Klassenzimmer wechseln.

2 Informiert euch auf einer Kindersuchseite über die Schule in der Türkei, in Russland, in Mexiko. Gestaltet ein Plakat.

- Wie lernen die Kinder?
- Wie lange dauert der Unterricht an einem Tag?
- Wie viele Jahre besuchen die Kinder eine Schule?
- Tragen die Kinder eine Schuluniform?
- Welche Feste feiern sie? …

3 In welchem Land würdest du gern in die Schule gehen? Begründe.

Eine Einladung schreiben

1 Die Kinder der 2. Klasse laden ihre Eltern zu einer Ausstellung ein.
Lest die Einladung. Schreibt in Stichwörtern auf, was ihr erfahrt.

> Liebe Eltern,
> wir laden euch herzlich zu unserer Ausstellung
> „Schule in aller Welt" in unsere Aula ein.
> Wir haben tolle Plakate vorbereitet.
> Bitte gebt uns Bescheid, wenn ihr nicht kommen könnt.
> Geschwister und Großeltern sind auch herzlich
> willkommen.
> Wir freuen uns sehr auf euch!
>
> Eure Kinder der 2. Klasse

2 Welche Fragen des Schreibgerüsts könnt ihr beantworten?
Vergleicht mit den Stichwörtern aus Aufgabe 1.

1. **Wer** lädt ein?

2. **Wen** lädt die Klasse ein?

3. **Warum** lädt die Klasse ein?

4. **Wann** ist die Ausstellung?

5. **Wo** ist die Ausstellung?

6. **Was** ist noch wichtig?

3 Schreibe eine Einladung zu deiner Geburtstagsfeier.
Die Fragen des Schreibgerüsts aus Aufgabe 2 helfen dir dabei.

Ein Plakat gestalten

1 Aus welchen Ländern kommen die Kinder in eurer Klasse?
Was wisst ihr über diese Länder? Erzählt.

2 Said hat ein Plakat über sein Herkunftsland Marokko gestaltet.
Lest das Plakat und sprecht darüber.

Das esse und trinke ich gern:

Couscous   Gewürze   Minztee

Ich spreche Arabisch.

Ich bin Muslim.

Das ist Marrakesch:

MAROKKO

Unsere Kleidung:

Djellaba   Kopftuch

3 Informiere dich bei deiner Familie, in der Bücherei und auf einer
Kindersuchseite über deine Heimat. Gestalte ein Plakat.

Tipps für die Plakatgestaltung
- Schreibe deine Texte auf Zettel. Schneide Bilder aus.
- Schreibe die Überschrift mit dicken Stiften und in großer Schrift.
- Verteile deine Wörter, Sätze, Bilder, Zeichnungen und Fotos
  übersichtlich auf dem Plakat.
- Klebe alles sorgfältig auf das Plakat.

4 Was ist dein Ziel für dein nächstes Plakat?

Ein Plakat präsentieren

1 Die 2. Klasse will ihre Plakate präsentieren. Sie hat Tipps gesammelt.
Lest sie und sprecht darüber.

1. Sprich langsam, laut und deutlich. ☐

2. Schaue die Zuhörer beim Sprechen an. ☐

3. Mache kleine Pausen. ☐

4. Erkläre die Fotos, Bilder, Zeichnungen.
Benutze einen Zeigestab. ☐

5. Beantworte Fragen der Zuhörer. ☐

2 Said präsentiert sein Plakat. Nutzt Said die Tipps aus Aufgabe 1?
Besprecht.

Das esse und trinke ich gern:

Couscous Gewürze Minztee

Ich spreche Arabisch.

Ich bin Muslim.

Das ist Marrakesch:

MAROKKO

Unsere Kleidung:

Djellaba Kopftuch

Das ist die Flagge von Marokko.

Das ist Minztee. Viele Marokkaner trinken ihn sehr gerne.

3 Stelle dein Plakat in der Gruppe vor.
Beachte die Tipps für die Präsentation aus Aufgabe 1.
Lass dir freundliche Rückmeldung geben.

Sprachen sind verschieden

1 Zu welchen Ländern gehören die Flaggen?
Sucht auf einer Kindersuchseite. Schreibt so: a) Deutschland, …

a)  b)  c)  d)  e)

2 Auf der Welt gibt es unterschiedliche Sprachen und Schriften.
Vergleicht die Wörter. In Klammern steht, wie man das Wort
ausspricht.

	der Apfel	apple (äpl)	elma (älma)	яблоко (jabloka)
	die Ananas	pineapple (peinäpl)	ananas (ananas)	ананáс (ananas)
	die Banane	banana (banana)	muz (muß)	банáн (banan)
	die Birne	pear (pia)	armut (armut)	грýша (gruscha)

3 Sucht in Wörterbüchern für Fremdsprachen oder auf einer
Kindersuchseite weitere Namen für Obst in einer anderen Sprache.
Fragt auch zu Hause nach.
Schreibt und malt auf Zettel. Ordnet nach Sprachen.

4 Gestaltet ein Plakat mit Wörtern für Spielsachen in anderen Sprachen.
Beispiel: Ball, Puppe, Zelt, Seil, …

Sprachen in unserer Klasse

1 Stellt euch gegenseitig die Fragen. Antwortet darauf.

Welche Sprachen möchtest du gern lernen?

Welche Sprachen sprecht ihr in eurer Familie?

Kannst du in einer anderen Sprache zählen? In welcher?

In welchen Sprachen kannst du „Bitte" und „Danke" sagen?

Warst du schon einmal in einem anderen Land?

In welchen Sprachen kannst du „Guten Tag" und „Auf Wiedersehen" sagen?

2 Lest die Wörter und Sätze in verschiedenen Sprachen.
In Klammern steht, wie man das Wort ausspricht.

🇩🇪	🇬🇧	🇹🇷	🇮🇹
Hallo!	Hello! (hällou)	Selam! (selamm)	Ciao! (tschau)
Danke!	Thanks! (sänks)	Teşekkür ederim! (teschekür äderimm)	Grazie! (gratsie)
Bitte!	Please! (pließ)	Lütfen! (lütfann)	Prego! (prägo)

3 Erstellt Sprach-Schatzkisten. Sammelt darin Wörter, Sätze, Gedichte, Lieder, Geschichten, Bücher, Postkarten, Fotos …

→ S. 139 Wortende b, d, g bei Nomen und Adjektiven ☺
→ S. 140 d oder t, g oder k, b oder p bei Verben ☺

Dialekte

1 Lest die Wörter. Sie bedeuten alle das Gleiche.

| Brötchen | Kipf | Semmel | Laabla |

| Röggle | Weckle | Schrippe | Weck |

> Deutsch klingt nicht überall gleich. Es gibt verschiedene Dialekte.

2 Wo wohnt ihr in Bayern? Wie sagt ihr dazu im Dialekt?

3 Welches bayerische Dialektwort passt zu welchem Bild? Ordnet zu.

| Bub | Schnak |

| Goggl | Deandl |

| Kracherl |

4 Lest den bayerischen Liedtext. Überlegt: Was bedeutet der Text?

Wia i bin auf d'Alma, Alma ganga,
ham's ma wolln mei Bibihenderl fanga,
gel, mei Bibihenderl, gel, bi, bi,
gel, mei Bibihenderl, jetzt duckst di!

Märchen und Geschichten
Märchen

1 Seht euch die Märchenbilder an. Erzählt.
Ordnet die Märchenüberschriften den Bildern zu.

| Die Bremer Stadtmusikanten | Der Froschkönig |

| Hänsel und Gretel | Der Wolf und die sieben Geißlein |

2 Schreibe zu jedem Märchen von Aufgabe 1 den passenden Satz.
Schreibe so: Die Bremer Stadtmusikanten: Der Esel ...

Der Esel ging nach Bremen und wollte Stadtmusikant werden.

Nur das jüngste Geißlein im Uhrkasten fand er nicht.

Das Häuschen war aus Brot und Lebkuchen gebaut.

Der Frosch holte die goldene Kugel aus dem Brunnen.

3 Bringt Bücher, Hörbücher oder Filme mit Märchen mit.
In welcher Form mögt ihr Märchen am liebsten? Begründet.

MK Aufgabe 3

Dich kenne ich

1 Wer ist das? Seht euch das Schattenbild an. Die Stichwörter geben euch Hinweise. Beschreibt die Figur genau und in ganzen Sätzen.

Wer bin ich?

Kopf
- Nase wie ein Rüssel
- blaue Punkte
- rote Haare

Körper
- Bauch wie eine Trommel
- Füße wie ein Frosch

Kleidung
- Taucheranzug
- Flossen

Besonderes
- kann Wünsche erfüllen
- kann reimen

2 Wähle ein Schattenbild aus. Welche Stichwörter passen dazu? Beschreibe die Figur.

Kopf: rote Borstenhaare, Wuschelkopf, blonde Haare, Pferdeschwanz, rote Schleife, …

Körper: klein, so groß wie ein Kind, …

Kleidung: grünes Kleid, weiße Socken, spitzer schwarzer Hut, gelber Pulli, grüne Hose, …

Besonderes: sehr frech, Kobold, erfindet lustige Geschichten, lebt bei Meister Eder, für andere Menschen unsichtbar, Hexenmädchen, kann vieles zaubern, erfüllt viele Wünsche, denkt sich Streiche aus, …

3 Welche Figur findest du besonders interessant? Bibi Blocksberg, Pumuckl oder eine ganz andere? Schreibe warum.

→ S. 141 Rechtschreibgespräche

Die Schildbürger bauen ein Rathaus

1 Vor fünfhundert Jahren gab es mitten in Deutschland eine Stadt, die Schilda hieß. Ihre Einwohner nannte man deshalb Schildbürger. Das waren merkwürdige Leute. Von ihnen werden seltsame Geschichten erzählt.

Betrachtet die Bilder auf Seite 96 und 97. Lest die Sprechblasen. Vermutet, was hier wohl passiert.

1

> Wir brauchen ein neues Rathaus!

> Wir bauen es dreieckig! Das ist etwas Besonderes.

> Ein dreieckiges Rathaus wird bestimmt eine Sehenswürdigkeit!

Dann vergehen sechs Wochen ...

2

> In unserem neuen Rathaus ist kein Licht!

> He, geh mir aus dem Weg!

> Oh je! Was sollen wir jetzt tun?

> In unserem schönen Rathaus ist es finster!

> Was ist denn da drinnen los?

> Au, au! Du hast mich getreten!

Wie wollen die Schildbürger Licht ins Rathaus bringen? ...

Die Schildbürger arbeiten den ganzen Tag. Aber am Abend ...

Ein Fremder hat eine Idee. Aber als es regnete ...

2 Ein Partnerkind spricht zu den Comic-Bildern.
Das andere Partnerkind schließt die Augen und hört ihm zu.
Dann wechselt ihr. Gebt euch freundliche Rückmeldung.

3 Wählt zwei Szenen aus. Schreibt in Sprechblasen auf, was ihr sagen
wollt.
Achtet auf:
- lebendiges Sprechen
- Betonung, Ausrufe und Fragen
Spielt die Szenen der Klasse vor.

→ Methode S. 10 Freundliche Rückmeldung

Rollenspiel: Licht für das Rathaus

 **1** Überlegt:

- Wer begrüßt die Zuschauer und erklärt, was sie sehen werden?
- Wer erzählt, was in den beiden ersten Szenen passiert?
- Wer spielt in der 3. Szene den Hufschmied und wer die Schildbürger?
- Welche Gegenstände (Requisiten) und Geräusche braucht ihr?

 **2** Beginnt das Spiel so:

- *Erzähler:* „Alle Schildbürger waren enttäuscht.
  Wie kann es im Rathaus hell werden? Da hatte der Hufschmied
  eine großartige Idee."
- *Hufschmied:* „Licht ist doch genauso wie Wasser! Wir könnten es
  einfach in Eimer füllen und ins Rathaus hineintragen!"
- *Erzähler:* „Die Schildbürger machten viele Vorschläge, wie sie das
  Licht ins Rathaus bringen wollten."

3 Spielt weiter.

Was sagst du in deiner Rolle? – Schreibe deinen Text auf.
Lerne ihn auswendig.

Wie bewegst du dich? – mutig, ängstlich ...?
Welche Gefühle zeigst du? – traurig, begeistert, lustig ...?
Welche Requisite hast du? – Eimer, Sack, Koffer, Mausefalle, ...?
Was ziehst du an? – alte Jacke, Arbeitsmantel, Hut, Kappe ...?

Wortarten bestimmen

1 In der Schatztruhe sind verschiedene Wörter. Lest jedes Wort.
Überlegt: Ist es ein Nomen, ein Artikel, ein Adjektiv oder ein Verb?
Beweist jede Wortart mithilfe des Wortartenbaums auf S. 160.

WOLF   EIN   BÖSE

TANZEN   PLATZEN   TIEF   EINE

DUNKEL   KLUG   GOLD   LESEN

RING   ZAUBERN   DIE   HEXE

WARTEN   KUTSCHE   DER

KLEIN   KÖNIG   WALD   SINGEN

Wörter sind wie Edelsteine. Man kann sie entdecken, sammeln, ordnen.

2 Bestimme die Wortarten. Schreibe das Symbol dazu.
Schreibe so: Nomen: Hexe ▲, …   Adjektiv: klein ▲, …

Artikel: der ▲, …   Verb: zaubern ●, …

3 In einem Satz gibt es verschiedene Wortarten.
Bestimme sie und ordne die Zeichen zu. Schreibe die Sätze auf.

▲   ●

Krok liest ein dickes Buch.

Die Hexe backt einen leckeren Marmorkuchen.

Der Zauberer kauft einen großen, schönen Vogelkäfig.

→ S.142 Wörter mit ß

Satzarten unterscheiden

1 In der Schatztruhe sind auch verschiedene Sätze. Lest die Sätze.
Überlegt: Ist es ein Aussagesatz, ein Fragesatz, ein Ausrufesatz
oder ein Ausruf? Welches Satzzeichen gehört dazu?

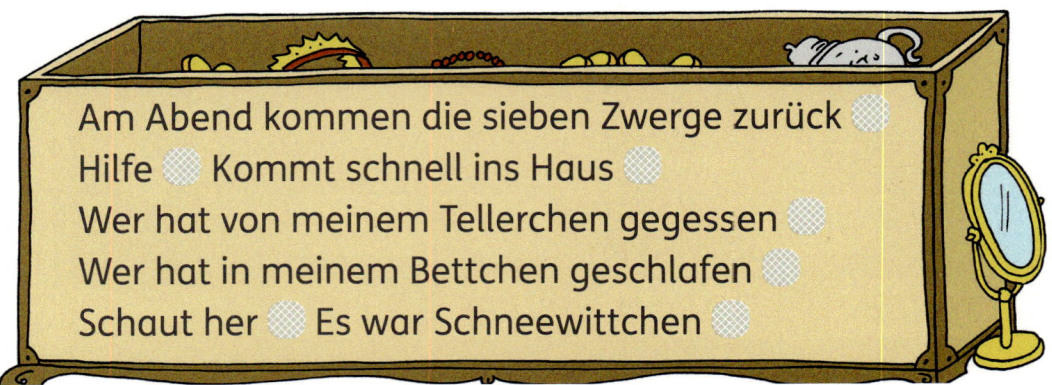

Am Abend kommen die sieben Zwerge zurück ●
Hilfe ● Kommt schnell ins Haus ●
Wer hat von meinem Tellerchen gegessen ●
Wer hat in meinem Bettchen geschlafen ●
Schaut her ● Es war Schneewittchen ●

2 Zwei Geschichten sind durcheinander geraten.
Schreibe die Sätze nach Geschichten getrennt auf.
Setze die richtigen Satzzeichen.

Rotkäppchen geht durch den Wald ●
Meister Eder sucht in der Werkstatt Nägel ●
Wer schleicht durch das Gebüsch ●
Er kann sie nicht finden ●
Rotkäppchen, nimm dich in Acht ●
Der Wolf, der Wolf ●
Hat Pumuckl die Nägel versteckt ●
Pumuckl, du Schlawiner ●

3 Bilde aus jeder Wörterreihe einen Aussagesatz und einen Fragesatz.
Schreibe so: Aussagesatz: Den Kindern gefallen …

Märchen	sehr	gefallen	den	Kindern

kann	Wunsch	jeden	erfüllen	das	Sams

Wortarten und Satzarten

1 Ordne die Wörter nach Wortarten. Schreibe auf und zeichne die

Symbole dazu: Nomen: Räuber ▲, ...   Verb: fangen ●, ...
Artikel: der ▲, ...   Adjektiv: schön ▲, ...

der Räuber	die Prinzessin	schöne	fängt

der Kasperl	die Großmutter	ängstliche	sucht

der nette Drache	die Prinzessin	schöne	rettet

2 Bilde aus den Wörtern aus Aufgabe 1 Aussagesätze.
Schreibe so: Der Räuber ...

3 Verwandle die Aussagesätze aus Aufgabe 2 in Fragesätze.
Schreibe so: Fängt der ...

> Nach einem Fragesatz steht ein Fragezeichen.

4 Kasperl ruft um Hilfe. Schreibe die Ausrufe und Ausrufesätze auf.

Lass mich los
Du gemeiner Kerl
Netter Drache

Hilfe
Helft mir
Hört mich doch

> Nach einem Ausrufesatz oder Ausruf steht ein Ausrufezeichen.

Das ABC

1 Lest das ABC dreimal. Versucht, es auswendig zu sprechen. Wechselt euch ab.

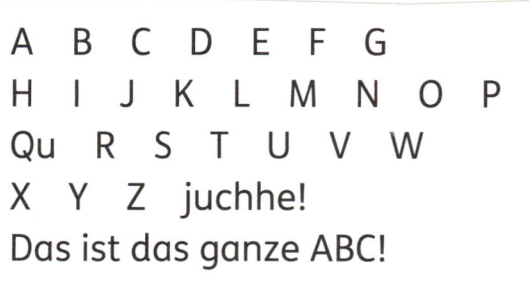

A B C D E F G
H I J K L M N O P
Qu R S T U V W
X Y Z juchhe!
Das ist das ganze ABC!

2 Lies das Lücken-ABC. Sprich es auswendig.

A ● ● ● ● ● G

H ● J K ● M ● ● P

Qu ● ● ● U ● ●

X ● ● juchhe!

Das ist das ganze ABC!

> Das **ABC** hat 26 Buchstaben.
> Die Wörter sind in der Wörterliste oder
> im Wörterbuch nach dem ABC geordnet.

3 Schreibe die Nachbar-Buchstaben auf. Schreibe so: A B C, …

● B ●   ● S ●   ● F ●   ● J ●   ● U ●   ● Y ●

● D, E ●   ● N, O ●   ● F, G ●   ● C, D ●   ● P, Qu, R ●

4 Schreibe auf, was du über das ABC weißt.

Ordnen nach dem ABC

1 Ordne die Nomen nach dem ABC.
Unterstreiche die Anfangsbuchstaben. Schreibe so: A – Apfel, ...

Apfel

Buch

Glocke

Computer

Saft

Tomate

Pinsel

Heft

Uhr

Nagel

Messer

Fisch

Dose

Ente

Igel

Zelt

Xylofon

Ring

2 Schreibt die Namen auf Kärtchen. Ordnet sie nach dem ABC.
Erklärt eure Reihenfolge.

| Tim | Amelie | Simon | Max | Sarah | Tom | Anton | Milena |

Wenn der erste Buchstabe gleich ist, musst du auf den zweiten achten.

3 Ordne die Tiere nach dem ABC.
Markiere den ersten und zweiten Buchstaben.

der Gorilla
die Gans
die Giraffe

der Esel
die Ente
der Elefant

der Papagei
der Pudel
das Pony

Großschreibung von Nomen

1 Schreibe die Nomen zu den Begriffen: Menschen, Tiere, Pflanzen, Dinge.
Menschen: Frau, ...

Blume Ente Bub Schaf

Tanne Frau Kirche Hase

Oma Auto Gras Laster

Mädchen Wolke Rabe Baum

2 Schreibe die Nomen aus Aufgabe 1 mit Artikel auf.
Unterstreiche die Artikel und die Anfangsbuchstaben der Nomen.
Schreibe so: die Blume, ...

3 Schreibe den Text ab. Setze die passenden Nomen ein.

Schulranzen   Füller   Pinsel   Stifte

Wasserfarben   Block   Hefte   Mäppchen

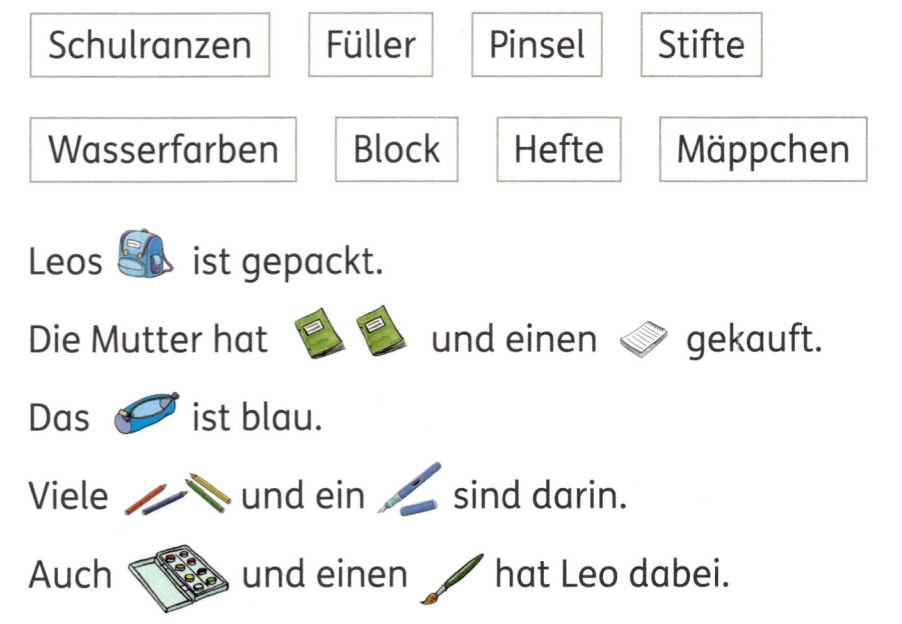

Leos 🎒 ist gepackt.

Die Mutter hat 📗📗 und einen 📄 gekauft.

Das 🖊 ist blau.

Viele ✏️ und ein 🖊 sind darin.

Auch 🎨 und einen 🖌 hat Leo dabei.

Die Wörterliste

In der Wörterliste sind die Wörter nach dem ABC geordnet.

1 Jeder schlägt die Wörterliste (S. 151–158) auf.
Stelle deinem Partnerkind Fragen.
Beispiel: *„Wo stehen die Wörter mit K?"*
Dein Partnerkind sucht und liest das
erste und letzte Wort mit K vor.
Danach tauscht ihr.

2 Suche die Nomen in der Wörterliste. Schreibe die Nomen mit Artikel
und Seitenzahl auf. Schreibe so: der Hase: S. ...,

Wenn ich unsicher bin, wie ein Wort geschrieben wird,
schlage ich es in der Wörterliste nach.

3 Ordne die Nomen nach dem ABC.
Achte auf den zweiten Buchstaben. Kontrolliere mit der Wörterliste.

Krone	Frau	Stern
Katze	Flasche	Schirm
Kuchen	Falle	Sofa

Vokale

1 Lest euch gegenseitig das ABC von Krok vor.
Welche Laute klingen allein? Welche klingen mit anderen zusammen?

A Be Ce De E eF Ge Ha I Jot Ka eL eM eN
O Pe Qku eR eS Te U Vau We iX Ypsilon Zet

A a   E e   I i   O o   U u   heißen **Vokale** ●.
Die anderen Laute im ABC heißen **Konsonanten**.

2 Sprich deutlich. Schreibe die Wörter auf.
Markiere in jedem Wort die Vokale. Schreibe so: der H**u**t, ...

3 Lest die Wörter. Sprecht deutlich.
Klingen dieselben Vokale immer gleich? Vergleicht:
laut/leise?   lang/kurz?   betont/ unbetont?

A a	E e	I i	O o	U u
Ast	**F**enster	**I**gel	**O**ma	**U**fo
Gr**a**s	**E**nte	**I**nsel	**O**rdner	**U**nfall
Ameise	**E**sel	L**i**cht	P**o**st	Bl**u**me

Betonte Vokale

1 Sprecht die Nomen deutlich. Achtet auf den betonten Vokal.
Wechselt euch ab.

Hase   Wal   Schaf   Katze

Esel   Wespe   Zebra   Specht

Spinne   Tiger   Igel   Biber

Frosch   Vogel   Wolf   Robbe

Uhu   Fuchs   Pudel   Hummel

> In jedem Wort gibt es einen betonten Vokal:
> K**a**tze   Z**e**bra   Sp**i**nne   V**o**gel   P**u**del

2 Schreibe die Nomen aus Aufgabe 1 mit Artikel auf.
Markiere den betonten Vokal. Schreibe so: der H**a**se, ...

3 Schreibe die Sätze auf. Markiere in den Nomen den betonten Vokal.

Die Katze wartet am Tor.

Der Hund wacht vor der Hütte.

Der Frosch quakt am Brunnen.

Die Schnecke will Blumen fressen.

Der Schmetterling fliegt zu den Blüten.

Silben

1 Zähle mit dem Vers aus. Du musst in Silben sprechen.

Himbeereis und Marmelade,
Sahneklecks und Schokolade,
Tortenguss auf Käsestangen,
ich darf laufen – du musst fangen.

Wörter kann man in **Silben** zerlegen.
Silben kann man mit Silbenbögen markieren.
Jede Silbe enthält einen **Vokal**.
Manche Wörter haben nur eine Silbe. Ast

2 Schreibe die Nomen ab. Zeichne die Silbenbögen.
Markiere die Vokale.
Schreibe so: Vater, ...

Vater	Vogel	Blume	Schule	Stift	Feder

Telefon	Ast	Hund	Dose	Vase	Tomate

3 Die Silben sind durcheinandergeraten. Setze sie zu Tiernamen
zusammen. Markiere die Vokale.

Ka	ge	Pu	se	Ze	del	Zie	bra	Ha	mel

4 Erfinde mit Silben Fantasietiere. Schreibe und male.

Wörter mit X/x, Qu/qu, C/c Ⓜ

x klingt wie [ks].

Eine Nixe sitzt im Taxi.

1 Schreibe die Nomen mit Artikel. Markiere **X/x**.

2 Schreibe den Text ab. Markiere **Qu/qu**.

Der Rennfahrer Quax bremst.
Die Bremsen quietschen.
Die Reifen qualmen.
Die Ente überquert die Straße.

Das **qu** heißt ku.

Es klingt aber wie [kw].

3 Schreibe die Nomen mit Artikel. Markiere **Qu/qu**.

 alle    atsch    ark    adrat    elle

4 Lies den Text. Schreibe die Nomen mit Artikel. Markiere **C/c**.

„Das ist mein Computer",
sagt Carla zu Clemens.
„Ich kaufe ihn für einen Cent!",
ruft der Clown.

C klingt mal wie [k] und mal wie [s].

1 Schreibe die Tiernamen nach dem ABC geordnet auf.

| Hase | Fuchs | Ameise | Reh | Dachs | Wildschwein | Ente |

2 Schreibe die Tiernamen mit den richtigen Vokalen.

T●g●r   H●nd   ●s●l   N●sh●rn

W●lf   Schl●ng●   ●ff●   L●m●

3 Schreibe die Nomen. Markiere in jedem Wort den betonten Vokal.

Tiger   Katze   Schule   Zebra   Blumen   Tomate   Dino

4 Schreibe die Nomen mit Artikel.

5 Schreibe den Text ab. Achte auf die Zeilenabstände.
Zeichne die Silbenbögen unter die Nomen.

In den Ferien
Nele hat eine bunte Muschel gefunden.
Ali hat seinen Opa in der Türkei besucht.
Paula durfte auf einem Kamel reiten.
Emil war eine Woche bei seiner Oma.

Umlaute

1 Bilde die Mehrzahl. Markiere den Vokal, der sich verändert.
Schreibe so: ein H<mark>u</mark>t – viele H<mark>ü</mark>te, …

H○t   B○nk   Gr○s

F○ß   V○gel   M○ntel

○pfel   H○nd   ○fen

> Ä/ä, Ö/ö und Ü/ü sind **Umlaute**.
> Aus einem Vokal wird in der Mehrzahl oft ein Umlaut:
> a – ä, o – ö, u - ü

2 Schreibe die Nomen mit den richtigen Umlauten ä, ö, ü und dem
Artikel auf. Markiere die Umlaute. Schreibe so: der K<mark>ä</mark>fer, …

K○fer   F○ller   K○nig   T○r

K○se   L○ffel   L○we   M○dchen

3 Schreibe den Vers ab. Markiere **äu** und **au** gelb.

Mäuse kommt von Maus,
Häuser kommt von Haus,
Bäume kommt von Baum,
Träume kommt von Traum.

Sie läuft kommt von laufen,
der Käufer kommt von kaufen,
ich merke mir ganz schlau:
„äu" kommt stets von au.

Zwielaute

1 Schreibe die Wörter mit Artikel auf. Markiere die Zwielaute gelb.

Ei/ei	Au/au	Eu/eu	ai
S●fe, ●s	●ge, M●s	●ro, L●te,	M●s
L●ter, ●mer	P●se, Fr●	Sch●ne, ●le	K●ser
Am●se, ●er	●to, Z●n	Fr●nd n●	M●

> Ein **Zwielaut** ist ein Laut aus zwei Vokalen.
> Zwielaute sind: Ei/ei, Au/au, Eu/eu, ai.
> Wörter mit ai musst du dir merken. Ⓜ

2 Schreibe die Sätze ab. Markiere die Zwielaute gelb.

Aurelio kauft ein blaues Auto.
Mein kleines Eis schmeckt fein.
Neun Eulen heulen im Heu.
Im Mai sucht Kai Mais für den Hai.

3 Schreibe die Verse ab. Ergänze die Lücken.

 Ei, ei   Eu, eu   Au, au   ai

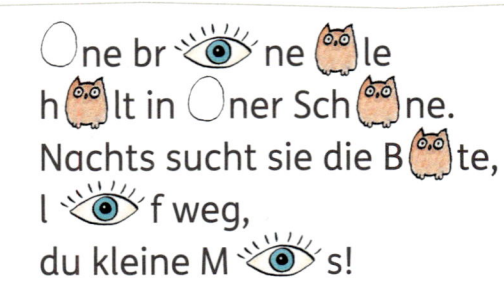
●ne br●ne ●le
h●lt in ●ner Sch●ne.
Nachts sucht sie die B●te,
l●f weg,
du kleine M●s!

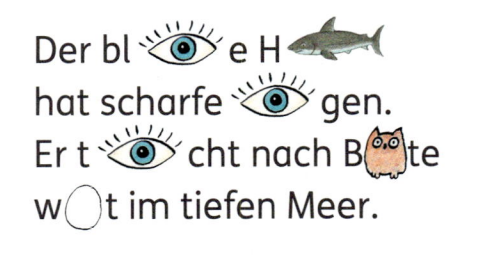
Der bl●e H●
hat scharfe ●gen.
Er t●cht nach B●te
w●t im tiefen Meer.

Wörter mit ch und Sch/sch

1 Sprich die Wörter deutlich. Schreibe sie auf. Markiere **ch**.

Dra🐉e   Wo🐉e   Da🐉   Ba🐉

Ku🐉en   Na🐉t   Bu🐉   ho🐉   lei🐉t

su🐉en   ma🐉en   brau🐉en

2 Sprich die Wörter deutlich. Schreibe sie auf. Markiere **Sch/sch**.

🐍ere   🐍ule   Ta🐍e

Ti🐍   🐍lange   🐍al   🐍ön

🐍einen   🐍neiden   wa🐍en   fri🐍

Du hörst einen Laut. Du musst aber mehrere Buchstaben schreiben.

3 Setze **ch** oder **sch** ein. Schreibe die Sätze auf.

In der Küche

Die Kö◻in backt eu◻ wei◻en Ku◻en,
wer gern na◻t, soll sie besu◻en.

Der Dra◻e ko◻t heut' fri◻en Fi◻.
Er fau◻t: Nun aber ◻nell zu Ti◻.

Im Ko◻bu◻ schaut die ◻lange na◻.
Sie findet ni◻ts. Da ma◻t sie Kra◻.

Kochbuch

Wörter mit ng und nk ⌣

1 Schreibe die Wörter mit **ng** auf. Markiere **ng**.

E⬤el   Fi⬤er   Za⬤e   Schla⬤e   Ju⬤e   Ri⬤

si⬤en   bri⬤en   kli⬤en   fa⬤en

e⬤   la⬤   ju⬤

2 **ng** oder **nk**? Sprecht die Wörter deutlich. Achtet auf den Unterschied. Schreibt sie auf. Markiert **ng** und **nk**.

3 Reime und schreibe. Markiere **ng** und **nk**.

Die Glocken kli⬤en,
die Vögel si⬤en.

Was wollen wir tri⬤en?
Wem sollen wir wi⬤en?

Ich will an dich de⬤en
und dir etwas sche⬤en.

Ich will nicht länger za⬤en,
sondern für alles da⬤en.

4 Erfindet einen lustigen Satz mit **ng**- und **nk**-Wörtern. Markiert **ng** und **nk**. Malt dazu.

Eine Schlange hält sich die Zange an die Wange.

Die S

Wörter abschreiben

So schreibst du Wörter richtig ab:

1. 👄👁 Lies und sprich das Wort deutlich und in Silben.

2. 🔍 Merke dir die Lupenstellen.

3. ▱ Decke das Wort zu.

4. 👁 Stelle dir das Wort noch einmal vor.

> Lupenstellen sind Stellen im Wort, auf die du besonders achten musst.

5. ✏️👄 Schreibe das Wort. Sprich dazu.

6. K K Kontrolliere, ob jeder Buchstabe stimmt.

1 Schreibe die Wörter mit dem Abschreibtipp ab.
Du brauchst eine Karte zum Abdecken.

Schlange	Lexikon	Gemüse	Mais	grün

Obst	reisen	heute	Mädchen	träumen

2 Für schwierige Wörter „baust" du eine Übungsstraße.
Lass dir jeden Tag dein Übungswort diktieren, bis du am Ziel bist.

Wort	1. Tag	2. Tag	3. Tag	Ziel
träumen	träumen traoumen	träumen	träumen	träumen
Mädchen	Mädchen Metchen	Mädchen Mätchen	Mädchen	Mädchen

Verben: Wortstamm und Endbausteine

1 Schreibe die Verben in allen Formen auf. Markiere die Endbausteine.
Schreibe so: ich schaue, du schaust, er ..., wir ..., ihr ..., sie ...

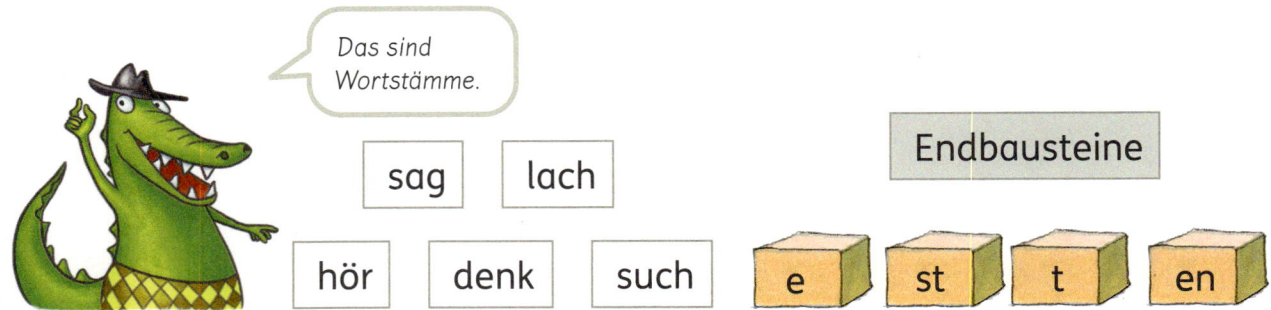

Das sind Wortstämme.

sag   lach

hör   denk   such

Endbausteine

e   st   t   en

2 Bei diesen Verben verändert sich der Wortstamm. Schreibe die Verben in allen Formen auf. Markiere den Wortstamm und die Endbausteine.
Schreibe so: ich helfe, du hilfst, er ..., wir ..., ihr ..., sie ...

schlaf / schläf   lauf / läuf

help / hilf   geb / gib

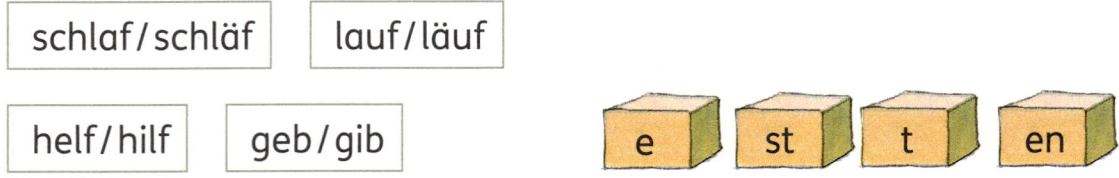

e   st   t   en

3 Lies den Text deinem Partnerkind mit den richtigen Verbformen vor.

Wir .... im Wald. (wandern)
Da .... ich eine Höhle. (sehen)
Ich .... Flipp. (rufen)
.... du mit mir hinein? (gehen)
Flipp .... meine Hand. (halten)
.... dort ein Bär? (schlafen)
Da .... ein Schatten über uns. (fliegen)
Schnell .... wir hinaus. (laufen)

4 Schreibt den Text von Aufgabe 3 als Partnerdiktat.

1 Schreibe die Nomen in der Mehrzahl.
Markiere in jedem Wort den Umlaut.

| die Hand | der Vogel | der Apfel | der Fuß | das Dach |

2 Schreibe die Nomen mit den Artikeln **der**, **die**, **das**.
Markiere die Umlaute.

3 Schreibe die Nomen mit den Artikeln **ein**, **eine**. Markiere die Zwielaute.

L◯ter   ◯le   M◯s   S◯l

F◯er   ◯ge   ◯s   M◯er

4 Schreibe die Nomen mit den Artikeln **ein**, **eine**.
Markiere **Sch/sch**, **ch**, **ng** blau.

5 Schreibe **lachen** in allen Formen auf: ich, du, er, wir, ihr, sie.
Markiere die Endbausteine.

6 Schreibe den Text ab. Setze die Verben in der richtigen Form ein.

Wir _____ gerade. (malen)
Ich _____ eine Schlange. (malen)
Max _____ eine Eule. (malen)
Da _____ etwas. (rascheln)
Ein Mäuslein _____ über das Pult. (laufen)
Henry _____. (lachen)
Schon _____ es davon. (sausen)

PeKaTe-Wörter*

Das **PeKaTe**, das **PeKaTe**
ist kratzig, hart und spitz.
Es frisst **P**izza und **K**arotten
und trinkt **T**ee – das ist kein Witz.

1 Sprich die Nomen deutlich. Schreibe sie mit den Artikeln **der**, **die**, **das**.
Markiere **P/p**, **K/k**, **T/t**.

alme   En   e   elefon   ante

asche   äse   Rau   e   uh

äfer   Am   el   insel   eller

2 So erkennst du PeKaTe-Wörter:
Halte ein Blatt vor deinen Mund und sprich deutlich.
Verwende dazu die Wörter aus Aufgabe 1.
Was fällt dir auf? Sprecht darüber.

3 Sucht Wörter mit **P/p**, **K/k**, **T/t** in der Wörterliste (Seite 151–158).
Tragt die Wörter in eine Tabelle ein.

P/p	K/k	T/t
Pizza	Karotte	Tee

* Dieser Begriff ist nicht Inhalt des LehrplanPLUS Grundschule.

BeGeDe-Wörter*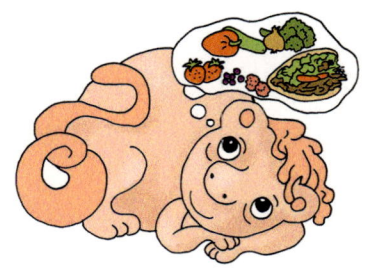

Das **BeGeDe**, das **BeGeDe**
ist ganz schön weich und rund.
Es mag gern **B**eeren und **G**emüse
und findet **D**öner sehr gesund.

1 Sprich die Nomen deutlich. Schreibe sie mit den Artikeln **der**, **die**, **das**.
Markiere **B/b**, **G/g**, **D/d**.

uch	Vo el	Na el	aumen
ach	Na el	Ra e	Au e
lume	Re en	ans	ras

2 So erkennst du BeGeDe-Wörter:
Halte ein Blatt vor deinen Mund und sprich deutlich.
Verwende dazu die Wörter aus Aufgabe 1.
Was fällt dir auf? Sprecht darüber.

3 Sucht Wörter mit **B/b**, **D/d**, **G/g** in der Wörterliste (Seite 151–158).
Tragt die Wörter in eine Tabelle ein.

B/b	G/g	D/d
Beeren	Gemüse	Döner

* Dieser Begriff ist nicht Inhalt des LehrplanPLUS Grundschule.

Wörter mit V/v Ⓜ

1 Lest die Wörter. Achtet darauf, wie sie klingen und wie sie geschrieben werden. Was fällt euch auf?

von   Vase   Vulkan   vor   Pullover

Vampir   Advent   Pulver   Vogel   viel

vier   Video   Vater   Klavier

Villa   vierzig   voll   vom

> Manchmal wird **V/v** wie F/f und manchmal wie W/w gesprochen.
> Vogel: V wird wie F gesprochen.
> Vase: V wird wie W gesprochen.
> Wörter mit **V/v** musst du dir merken. Ⓜ

2 Schreibe die Wörter aus Aufgabe 1 auf. Ordne sie.
V/v klingt wie F/f: von, …
V/v klingt wie W/w: Vase, …

3 Schreibe zu jedem Wort mit **V/v** einen Satz.

| Klavier | Vater | Vulkan | voll | Pulver | vier |

4 Gestaltet mit den Wörtern aus Aufgabe 1 ein Plakat.

Wörter mit ie ⌣

Lass mal hören!

Das *i* klingt in **Spiegel** und **Spinne** unterschiedlich.

1 Sprich die Nomen deutlich und in Silben. Schreibe und markiere **ie**.

Flge   Wse   Zge   Bne   Spgel

2 Schreibe die Sätze mit den Verben. Markiere **ie**.

| lieben | liegen | spielen | biegen | frieren |

Wir ░░░░░░░ Fußball. Bei Kälte ░░░░░░░ wir. Tim ░░░░░░░ im Bett.

Samira ░░░░░░░ ihren Hund. Vater ░░░░░░░ an der Ampel links ab.

3 Schreibe die Nomen und Verben aus Aufgabe 1 und 2 auf.
Zeichne die Silbenbögen.
Markiere **ie**: Spiegel

4 Vergleicht die Silben. Achtet auf **ie**. Was fällt euch auf?

> Ein lang gesprochenes i wird meistens mit **ie** geschrieben.
> **ie** steht oft am Ende der ersten Silbe. Biene

5 Schreibe die Wörter ab. Markiere **ie**.
Überprüfe, ob du sie nächste Woche noch richtig schreibst.

| die | sie | wie | hier | vier | viel | nie |

Wörter mit stummem -h Ⓜ

○ 🗐 **1** Schreibe die Wörter. Markiere **ah/äh, eh, oh/öh, uh/üh**: die Fahne

	die Fahne
	der Zahn
	die Zahl
	zahlen
	zählen
ah äh	das Jahr

	der Lehrer
	nehmen
	zehn
	mehr
eh	

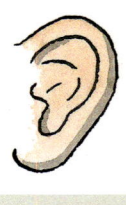

	das Ohr
	der Sohn
	die Bohne
	die Höhle
oh öh	wohnen

	der Stuhl
	das Huhn
	die Uhr
	der Frühling
uh üh	fühlen

⊖ 🗐 **2** Setze die Wörter ein. Schreibe die Sätze ab. Markiere **ih** grün.

ihm	ihn	ihr	ihnen	ihre	viel

Tim hat schön geschrieben. Der Lehrer lobt ⬚⬚⬚⬚.
Papa putzt das Auto. Ich helfe ⬚⬚⬚⬚ .
Oma schenkt mir Geld. Ich danke ⬚⬚⬚⬚ dafür.
Samira und Flo spielen Ball. Ich laufe zu ⬚⬚⬚⬚ .
Mama hat eingekauft. Ich trage ⬚⬚⬚⬚ Tasche.

> Manche Wörter mit einem langen Vokal oder Umlaut werden mit
> einem **stummen -h** geschrieben.
> Diese Wörter musst du dir gut merken. Ⓜ

📖 **3** Schreibe 10 Wörter aus Aufgabe 1 in vielen Farben und Schriften.

Wörter mit Besonderheiten üben

1 **Lupenstellen kennzeichnen**

Ordne die Wörter nach Lupenstellen. Markiere ai, ä, V/v, -h.
V/v: die Vase

die Vase	der Kaiser	der Käse	der Vogel	die Uhr
vor	der Vater	das Jahr	der Käfer	der Bär	der Frühling
der Zahn	der Hai	das Mädchen	zahlen	der Mai	von

2 **Bunte Wörter**
Schreibe die Wörter mit der gleichen Lupenstelle
in vielen Farben und Schriften.

3 **Wörterturm**
Schreibe die Wörter mit der gleichen Lupenstelle
in einem Wörterturm untereinander.

4 **Lernplakat**
Gestalte ein Lernplakat zu Wörtern
mit der gleichen Lupenstelle.

5 **Übungskärtchen**
Schreibe Wörter auf Kärtchen.
Ziehe jeden Tag fünf Kärtchen.
Lass dir die Wörter diktieren.

1 Schreibe die Nomen mit den Artikeln **der**, **die**, **das**. Markiere **P/p**, **K/k**, **T/t**.

2 Schreibe die Nomen mit den Artikeln **der**, **die**, **das**. Markiere **B/b**, **D/d**, **G/g**.

3 **D** oder **T**, **B** oder **P**, **G** oder **K**? Schreibe die Nomen mit den Artikeln **der**, **die**, **das**.

 afel  ose  lume  ony  ras  opf

4 Schreibe mindestens 8 Wörter mit **V/v**.
Markiere die Wörter, wenn **V/v** wie W/w gesprochen wird.

5 Schreibe die Wörter. Zeichne die Silbenbögen. Markiere **ie**.

6 Schreibe den Text ab. Markiere die Wörter mit stummem **-h**.

In der Schule
Es ist acht Uhr. Der Lehrer kommt.
Alle Kinder gehen zu ihrem Stuhl.
Sie zählen bis zehn und rechnen.
Ein Junge fühlt sich krank. Ihm tut ein Zahn weh.
Die Mutter holt ihren Sohn ab und fährt ihn zum Arzt.

Wörter mit Pf/pf 👄

1 Sprich die Nomen deutlich. Schreibe sie mit Artikel.
Markiere **Pf/pf**: das Pferd, ...

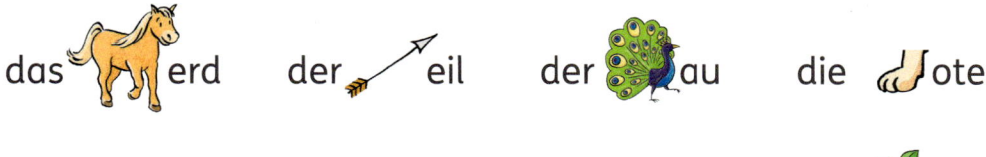

das ⬜erd   der ⬜eil   der ⬜au   die ⬜ote

der A⬜el   der Tro⬜en   der Gi⬜el   die ⬜lanze

der To⬜   der Ko⬜   der Zo⬜   der Kno⬜

2 Schreibe die Verben in der wir- und in der ich-Form.
Markiere **pf** und zeichne die Silbenbögen: wir hüpfen, ich hüpfe

 hüpfen    stampfen    stapfen

 rupfen    klopfen    tupfen

 schimpfen    schlüpfen    kämpfen

3 Schreibe die Nomen in der Einzahl und Mehrzahl mit Artikel.
Markiere **pf** und zeichne die Silbenbögen: der Kopf – die Köpfe

der Topf	der Knopf	der Dampf
der Kopf	der Zopf	der Strumpf

4 Schreibe Sätze zu drei Verben aus Aufgabe 2.

Lange und kurze Vokale ☉

*Vokale können kurz oder lang klingen.
Lange Vokale markiere ich mit —.
Kurze Vokale markiere ich mit •.*

1 Sprich die Nomen. Schreibe sie mit Artikel. Zeichne die Silbenbögen.
Markiere die Vokale in der 1. Silbe mit — oder •: der H͞ase, die L͞ampe

Hase	Lampe	Gabel	Wasser	Kasse
Regen	Esel	Messer	Heft	Brett
Igel	Kind	Tiger	Himmel	Biber
Stoff	Wort	Vogel	Brot	Sonne
Kuss	Hut	Blume	Puppe	Luft

Offene und geschlossene Silben ☺

1 Schreibe die Nomen auf Kärtchen. Zeichne die Silbenbögen. Markiere den Vokal in der 1. Silbe. Schreibe so: die Blume, ...

Blume	Tulpe	Klasse	Feder
Stunde	Hose	Wasser	Schere
Sonne	Name	Käfig	Pflanze

2 Ordnet die Nomen aus Aufgabe 1.

Die 1. Silbe endet mit einem Vokal oder Umlaut.	Die 1. Silbe endet mit einem Konsonaten.

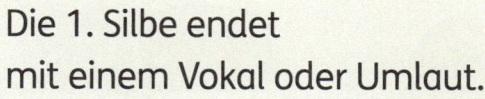

Blume   Tulpe

3 Schreibe die Nomen aus Aufgabe 2 geordnet auf.
1. Silbe Vokal/Umlaut: Blume, ...
1. Silbe Konsonant: Tulpe, ...

Die 1. Silbe endet mit einem Vokal oder Umlaut. Sie ist **offen**. Blume

Die 1. Silbe endet mit einem Konsonanten. Sie ist **geschlossen**. Tulpe

4 Ordne die Wörter. Schreibe wie in Aufgabe 3.

baden	Baby	wünschen	Mädchen	suchen
Stunde	hören	Tasche	trinken	Füller

Wörter mit Doppelkonsonanten ⊙

Ich höre bei Tasse nur ein **s**.

Du schreibst aber **zwei**.

1 Schreibe die Nomen. Markiere den kurzen betonten Vokal.
Schreibe so: die Tạsse, ...

Tasse	Wasser	Puppe	Hummel	Füller

Löffel	Sonne	Ball	Trommel	Teller

2 Was folgt auf den kurzen betonten Vokal in den Nomen
aus Aufgabe 1? Erklärt.

3 Schreibe die Verben auf. Markiere den kurzen betonten Vokal.
Schreibe so: wir kọ̈nnen, ...

können	müssen	wollen	sollen	rennen

hoffen	fallen	rollen	kommen	schwimmen

4 Suche in der Wörterliste (Seite 151–158) nach weiteren Wörtern mit
Doppelkonsonanten. Schreibe sie auf.
Markiere den kurzen betonten Vokal.

Wörter mit Doppelkonsonanten ☺

1 Setze die Silben zusammen. Schreibe die Nomen mit Artikel.
Zeichne die Silbenbögen. Schreibe so: die Lippen, ...

| Lip | Mes | Rol | Som | Don | Wel | Mut |

| ser | le | ler | ner | ter | pen | mer |

2 Überlegt: Wie endet die erste Silbe bei den Wörtern
aus Aufgabe 1?

*Erinnert euch:
Die erste Silbe
kann offen oder
geschlossen sein.*

Hüte — 1. Silbe: offen   Hütte — 1. Silbe: geschlossen

> Nach einem kurz gesprochenen Vokal oder Umlaut kommt ein
> Doppelkonsonant. Hütte

3 Bilde die Mehrzahl. Zeichne die Silbenbögen.
Schreibe so: der Kamm – die Kämme

| der Kamm | der Ball | der Damm | der Kuss | die Nuss |

| der Mann | der Stall | das Bett | der Fluss | das Lamm |

Sätze abschreiben

> *Lupenstellen sind Stellen im Wort, auf die du besonders achten musst.*

So schreibst du Sätze richtig ab:

1.  Lies und sprich den Satz deutlich.

2. Merke dir die Lupenstellen.

3. Decke so viele Wörter zu, wie du dir merken kannst.

4.  Stelle dir die Wörter noch einmal vor.

5. Schreibe jedes Wort auf. Sprich dazu.

6.  Kontrolliere, ob jedes Wort stimmt.

1 Schreibe die Sätze mit dem Abschreibtipp ab.
Decke immer so viele Wörter ab, wie du dir merken kannst.

Leas Tag
Am Morgen klingelt der Wecker.
Lea steht auf und geht ins Bad.
Sie frühstückt mit ihrer Familie.
Dann geht sie in die Schule.
Am Nachmittag macht sie Hausaufgaben.
Danach spielt sie draußen.

2 Zerlege längere Sätze in mehrere Teile.
Nutze für jeden Satzteil den Abschreibtipp.

Lea soll jeden Abend ihre Zähne putzen. Dazu hat sie keine Lust.
Sie liest noch heimlich unter der Bettdecke in ihrem Lieblingsbuch.

1 Schreibe die Nomen mit den Artikeln **der**, **die** oder **das**.
Markiere **Pf/pf**.

2 Ist die erste Silbe offen oder geschlossen? Schreibe die Nomen
geordnet auf. Markiere den betonten Vokal.

| Blume | Hose | Name | Käfig | Blüte | Feder |

| Winter | Wolke | Lampe | Spinne | Tante | Zimmer |

3 Schreibe die Nomen mit den Artikeln **der**, **die**, **das**.
Markiere die betonten Vokale.

4 Schreibe die Nomen. Zeichne die Silbenbögen.
Markiere den kurzen betonten Vokal •.

| Trommel | Himmel | Quelle | Ball | Ritter | Löffel |

5 Schreibe den Text ab. Markiere die Wörter mit Doppelkonsonanten.

Nach der Schule
Nele kommt am Mittag nach Hause.
Ihr kleiner Bruder will alles über die Schule wissen.
Nele erzählt von ihrer Klasse. Nun macht sie Hausaufgaben.

Wörter mit St/st und Sp/sp

1 Sprich die Wörter mit **St** und **Sp** laut und deutlich.

| Spinne | Storch | Stamm | Spiegel | Sport |

| Stange | Stein | Stift | Spiel | Stiefel |

| Specht | Stern | Stuhl | Stunde | Stirn |

2 Schreibe die Nomen aus Aufgabe 1 mit Artikel.
Markiere **St** und **Sp**. Schreibe so: die Spinne, der Storch, ...

> Man spricht scht oder schp. Man schreibt **St/st** oder **Sp/sp**.

3 Schreibe die Sätze auf. Setze Verben mit **st** oder **sp** ein.
Markiere **st** und **sp**.

| stellen | sprechen | stehen | sparen | spucken | spielen |

Am Morgen .... wir auf. Ich .... mich beim Bäcker an.
Wir .... gern Fußball. Viele Kinder .... ihr Taschengeld.
Ich kann Kirschkerne weit .... Vater .... mit der Lehrerin.

4 Schreibe mit einem Partnerkind Sätze, in denen möglichst viele
Wörter mit **St/st** und **Sp/sp** vorkommen.

Wörter mit Ä/ä ⚡

1 Schreibe die Nomen in der Mehrzahl und in der Einzahl.
Markiere **Ä/A** und **ä/a**. Schreibe so: die Äpfel – der Apfel, …

die Äpfel   die Hände   die Nägel   die Gänse   die Gräser

> Zu vielen Wörtern mit Ä/ä gibt es verwandte Wörter mit A/a.

2 Suche das verwandte Wort mit A/a. Schreibe die Wortpaare.
Markiere **Ä/ä** und **A/a**: die Zähne – der Zahn, …

die Zähne   die Mäntel   die Gäste

die Blätter   die Äste   die Räder

3 Schreibe die Sätze mit den passenden Wörtern aus Aufgabe 2 auf.
Markiere **ä** gelb.

Auf der Feier waren viele ....
In der Garderobe hängen viele ....
Ich putze meine .... mehrmals täglich.
Mein Roller hat kleine ....
Im Herbst verlieren die Bäume ihre ....

4 Setze das Verb in der richtigen Form ein.

Paul .... schon. (schlafen)
Die Mutter .... an der roten Ampel. (halten)
Ben .... Paula. (fangen)
Der Vater .... das Kind. (tragen)

Wörter mit Äu/äu ⚡

1 Schreibe die Nomen in der Mehrzahl und in der Einzahl.
Markiere **äu/au**. Schreibe so: die Bäume – der Baum, ...

   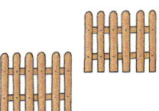 

die Bäume   die Häuser   die Mäuse   die Zäune   die Schläuche

> Zu den meisten Wörtern mit Äu/äu gibt es ein verwandtes Wort
> mit Au/au.

2 Setze die Nomen mit **äu** in der Mehrzahl ein. Markiere **äu** gelb.

| Traum | Kraut | Schlauch | Fledermaus | Baum |

Im Park wachsen hohe ....
In der Nacht habe ich schöne ....
Abends fliegen die ....
Papa holt im Garten .... für den Salat.
Für mein Fahrrad brauche ich neue ....

3 Schreibe die Wortpaare auf. Markiere **äu/au**.
Schreibe so: träumen – Traum, ...

| träumen | Käuferin | Läufer | rauben | schäumen |

| kaufen | Räuber | Schaum | Traum | laufen |

4 Schreibe mit dem Verb **laufen** Sätze.
Schreibe so: Ich laufe mit Paul um die Wette. Du ...

5 Setze das Verb **laufen** in die ich-/du-/er-/wir-Form.
Markiere die Formen, die für dich schwierig sind.

Wörter mit tz und ck ⊙

> *Vor tz und ck klingt der Vokal immer kurz.*

1 Schreibe die Reimwörter. Markiere den kurzen Vokal und tz.
Schreibe so: Si̲tz, Wi̲tz, …

Sitz	Spatz	Tatze	Mütze	sitzen
W ⬭	S ⬭	K ⬭	Pf ⬭	bl ⬭
Bl ⬭	Pl ⬭	Gl ⬭	St ⬭	fl ⬭

2 Schreibe die Wörter in Silben. Zeichne die Silbenbögen.
Schreibe so: Katze

| Katze | Sätze | Mütze | Blitze | Sitze | flitzen | putzen |

3 Schreibe die Reimwörter. Markiere den kurzen Vokal und ck.

Trick	hacken	Socken	Schnecke	Glocken
d ⬭	b ⬭	tr ⬭	H ⬭	S ⬭

4 Schreibe die Wörter in Silben. Zeichne die Silbenbögen.
Schreibe so: Schnecke, …

| Schnecke | wecken | Socken | Wecker |

| packen | Hecke | Glocke | Säcke |

Mit der Übungskartei arbeiten

Diese Wörter möchte ich mit der Übungskartei üben.

1 Schreibe Karten für die Übungskartei.

- Schreibe das Wort, das du üben willst.
  Markiere deine Lupenstellen.
  Zeichne die Silbenbögen.

- Zeichne das Symbol für die Wortart.

- Du schreibst
  bei **Verben**: die ich-Form und die wir-Form,
  bei **Nomen**: die Einzahl und die Mehrzahl
  mit Artikel,
  bei **Adjektiven**: ein passendes Nomen.

Kontrolliere mit der Vorlage.

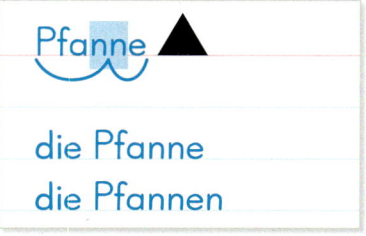

2 Übe mit der Kartei.

- Ziehe eine Karte. Schreibe das Wort auswendig auf.

- Ist es richtig, wandert die Karte
  ein Fach weiter: 1 → 2 → 3 → Ziel
  Ist es falsch, bleibt die Karte im Fach.

- Übe, bis alle Karten im Ziel-Fach sind.

- Prüfe immer wieder, ob du die Karten
  im Ziel-Fach noch kannst.

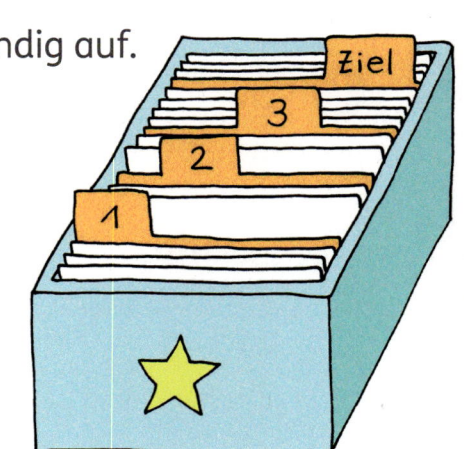

1 Schreibe die Nomen mit den Artikeln **der**, **die**, **das**. Markiere **St** und **Sp**.

2 Schreibe die Sätze. Ergänze die Verben. Markiere **st** und **sp**.

Ich will mein Taschengeld ●aren.   Wir ●ielen Fußball.

Serkan ●ringt über das Seil.   Ella ●ellt sich an der Kasse an.

3 Finde verwandte Wörter mit A/a oder Au/au.
Schreibe die Wortpaare auf.

| die Äpfel | die Räder | die Träume | die Bäume |

| der Räuber | die Fäuste | sie läuft | er schläft |

4 Schreibe die Reimpaare auf. Markiere den kurzen betonten Vokal.

| Katze | Pfütze | Hecke | trocken | sitzen |
| T ● | M ● | Schn ● | S ● | schw ● |

5 Schreibe die Sätze. Setze die Verben in der richtigen Form ein.

Ein dicker Spatz ● auf dem Baum. (sitzen)
Er ● sich. (putzen)
Eine Katze ● durch den Garten. (flitzen)
Da ● sich der Spatz schnell. (verstecken)

Wörter mit _er, _el

> Deutlich und
> in Silben sprechen
> hilft.

1 Schreibe die Nomen mit Artikel.
Markiere den Endbaustein _**er**.
Schreibe so: der Fing**er**, ...

Fing    Fed 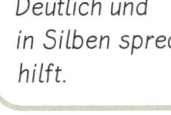   Robot    Füll    Ritt

Fenst    Brud    Wass    Tig

Wint    Schwest    Somm    Pflast

2 Schreibe die Nomen mit Artikel. Markiere den Endbaustein _**el**.
Schreibe so: die Gab**el**, ...

Gab    Pins    Amp    Nad    Stief

Neb    Onk    Wurz    Es    Spieg

3 Schreibe die Sätze richtig ab. Markiere die Endbausteine _**er** und _**el**.
Schreibe so: Samira hat einen Brud**er**.

Samira hat einen Bruder.
Die Feder fällt ins Wasser.
Im Winter ist es kalt und dunkel.
Emil malt mit einem Pinsel.
Die Nadel ist spitz.
Der Onkel isst mit der Gabel.

Wortende b, d, g bei Nomen und Adjektiven ☺

1 Lest und sprecht die Nomen. Welchen Laut hört ihr am Wortende? Welchen Buchstaben seht ihr am Wortende?

Bild	Korb	Bub	Kleid
Tag	Pferd	Berg	Freund

2 Setze die Nomen aus Aufgabe 1 in die Mehrzahl. Sprich in Silben.
Schreibe so: die Bilder – das Bild, …

3 Lest und sprecht die Adjektive. Welchen Laut hört ihr am Wortende? Welchen Buchstaben seht ihr am Wortende?

| lieb | gesund | gelb | rund | klug |

4 Verlängere die Adjektive aus Aufgabe 3.
Schreibe so:

das liebe Kind → Das Kind ist ⬚.
das ⬚ Frühstück → Das Frühstück ist ⬚.
der ⬚ Ball → Der Ball ist ⬚.
die ⬚ Sonne → Die Sonne ist ⬚.
der ⬚ Hund → Der Hund ist ⬚.

> Am Wortende hört man **p**, **k** oder **t**, aber man sieht **b**, **g** oder **d**.
> Verlängere die Wörter, dann hörst du **b**, **g** oder **d**. ☺

d oder t, g oder k, b oder p bei Verben ↩

1 Schreibe den Text richtig ab.
Setze die richtigen Buchstaben ein.

Im Garten

Der Maulwurf grä_t in der Erde.
Der Vogel flie_t durch die Luft.
Der Frosch le_t im Teich.
Ein Schmetterling flie_t durch die Luft.
Sogar ein Igel le_t in unserem Garten.

> Bilde die wir-Form, wenn du nicht weißt, ob das Wort mit
> d oder t, g oder k, b oder p geschrieben wird.
> wir fliegen – fliegt

2 Übe mit den Verben aus Aufgabe 1.
Schreibe so: wir graben – gräbt, …

3 Schreibe die Verben in der ich-Form und in der er-Form.
Schreibe so: fragen: ich frage, er fragt, …

| fragen | sagen | schreiben | zeigen | geben |

| üben | leben | bleiben | wiegen | legen |

4 Setze die richtigen Verben ein. Schreibe die Sätze auf.

Nele _____ den Fischen Futter.
Der Hund _____ sich ins Gras.
Die Biene _____ zu einer Blume.

→ Methode S. 130 Sätze abschreiben
→ Methode S. 18 Partnerarbeit

Rechtschreibgespräche

Wir sind heute Rechtschreibforscher.

1. Zuerst forscht jeder für sich:

- Sieh dir das Wort genau an und überlege: Welche Stellen im Wort sind für dich schwierig?
- Markiere deine Lupenstellen.

2. Jetzt arbeiten beide gemeinsam:

- Markiert Lupenstellen im Wort.
- Sage dem anderen, was schwierig ist.

Ich könnte über das tz stolpern.

Das ä hört sich wie e an. Das große K am Anfang ist schwierig.

- Gebt euch Tipps.

Katze schreibt man mit a, Kätzchen mit ä.

Das tz kannst du hörbar machen, wenn du das Wort Kat-ze trennst.

- Schreibt das Wort auf.
- Findet einen Satz zum Wort.

Das Kätzchen ist süß.

Wörter mit ß ⓜ

1 Ordne die Wörter nach Wortarten. Markiere **ß**.

▲ der Fuß, ...   ● grüßen, ...   ▲ groß, ...

| der Fuß | weiß | gießen | der Gruß | süß |

| fließen | das Floß | heißen | die Füße |

| beißen | heiß | der Spaß |

| fleißig | schießen | groß |

2 Sprich die Wörter deutlich. Wie klingt der Laut vor **ß**?

> Der Laut vor **ß** klingt immer lang.
> Wörter mit **ß** musst du dir merken. ⓜ

3 Finde Reimpaare. Schreibe so: der Fuß – der Gruß, ...

| der Fuß | groß | weiß | schießen | heißen |
| der Gr⬤ | bl⬤ | h⬤ | fl⬤ | b⬤ |

4 Schreibe den Text ab.

Greta bekommt einen Hund.
Er soll Struppi heißen.
Struppi sieht sehr süß aus.
Er hat ein weißes Fell und große Augen.
Struppi macht auch gern Späße.

5 Übe den Text. Lass ihn dir von einem Partnerkind diktieren.

Auf r achten ☺

1 Sprich die Nomen in Silben. Schreibe und zeichne die Silbenbögen.
Markiere **r**: der Garten

der Garten   die Erde   die Perle   die Wurzel   die Birne

2 Schreibe die Nomen in der Einzahl und Mehrzahl.
Zeichne die Silbenbögen. Markiere **r**: der Arm – die Arme

der Arm   der Wurm   das Pferd   das Wort   das Herz

der Turm   der Korb   der Sturm   der Schirm   der Stern

3 Schreibe die Verben in der wir-Form und in der er-Form. Markiere **r**.
Schreibe so: lernen: wir lernen, er lernt

| lernen | turnen | warten |

| arbeiten | antworten |

| werfen | werden | dürfen |

Sprich die Wörter deutlich und in Silben. Dann hörst du das r.

4 Lest und sprecht die Wortpaare deutlich. Achtet auf r.
Was bedeuten die Wörter?

Arm – am   warten – waten   Birne – Biene
Partner – Pate   schwärzen – schwätzen   Torte – total

1 Schreibe die Nomen mit den Artikeln **der**, **die**, **das**.
Markiere die Endbausteine.

Wurz    Bib    Fed    Brud    Nud

2 b, d, g oder p, t, k am Wortende? Schreibe die Nomen.

das Ra    das Zel    der Bu

die Bur    das Bro    der Hun

3 b, d, g oder p, t, k am Wortende? Schreibe die Adjektive.

bun◯   gel◯   wil◯   klu◯   lie◯   gesun◯

4 Schreibe die Verben in der wir-Form und in der er-Form.

| graben | fliegen | legen | schreiben | sagen | üben |

5 Schreibe die Nomen. Zeichne die Silbenbögen. Markiere **r**.

6 Schreibe den Text ab. Markiere die Wörter mit **ß**.
Schreibe mindestens drei Sätze im Partnerdiktat.

Der Ausflug
Tim steht mit beiden Füßen auf dem Floß.
Das Wasser fließt langsam. Es ist heiß.
Am Ufer liegt ein weißer Hund.
Neben dem Hund sitzt Amelie. Tim grüßt Amelie.
Der Ausflug macht ihm großen Spaß.

Rechtschreibtipps

Bei allen Wörtern hilft dir:

⌣ deutlich sprechen

☺ in Silben sprechen Kro ko dil

Aa? Nomen und Satzanfänge großschreiben

⊡ Klingt der Vokal kurz, ist die 1. Silbe geschlossen.

Ritter   Sonne

⊡ Klingt der Vokal lang, ist die 1. Silbe offen.

Riese   Rose

⊞ den Wortstamm finden   einkaufen
Anfangsbausteine erkennen   einkaufen
Endbausteine erkennen   einkaufen

⚡ zu den Wörtern mit **Ä/ä** verwandte Wörter
mit **A/a** finden

die Bälle → der Ball

zu den Wörtern mit **Äu/äu** verwandte Wörter
mit **A/a**, **Au/au** finden

die Häuser → das Haus

↻ Wörter mit **b/p**, **d/t**, **g/k** am Wortende verlängern

das Kind → die Kinder

gesund → das gesunde Frühstück

fliegt → wir fliegen

Ⓜ Manche Wörter musst du dir merken.

Vase   Fuß   Quark   Hai

Mit der Wörterliste üben

1 Suche Wörter, die man schreibt, wie man sie spricht.

die Raupe, die Wolke, ...

2 Schreibe fünf Wörter mit besonderen Buchstabengruppen. Markiere.

a) **Sch/sch** oder **ch**: die Schule, das Buch, ...

b) **Pf** oder **pf**: das Pferd, ...

c) **ng** oder **nk**: springen, danken, ...

d) **Ei/ei** oder **Eu/eu**: das Eis, die Eule, ...

e) Endbausteine **er, el, en**: der Vater, die Schaufel, wir suchen, ...

f) **r**, das man kaum hört: der Turm, ...

3 Sammle Wörter, die du dir merken musst. Markiere.

a) **ah, eh, ih, oh, uh**: fahren, ...

b) **V** oder **v**: brav, ...

c) **C**: der Cent, ...

d) **Qu/qu, X/x, y**: die Qualle, ...

e) **ß**: der Fuß, ...

f) **ai**: der Hai, ...

4 Nutze die Wortfamilie. Suche passende Wörter.

a) Wörter verlängern mit **b, d** oder **g** am Ende: das Pferd – die Pferde

b) Verben in die wir-Form setzen: lebt – wir leben

c) Wörter ableiten mit **a/ä** und **au/äu**: der Baum - die Bäume, ...

d) Suche Verben zu den Anfangsbausteinen **be, ge, ver, zu**: bewegen, ...

e) Suche Wörter mit dem gleichen Wortstamm: Fahrrad, fahren, ...

5 Unterscheide kurze und lange Vokale. Suche passende Wörter.

a) Wörter mit kurzem Vokal und doppelten Konsonanten: der Teller, ...

b) Wörter mit **ie**: die Biene, ...

Einen Ganztext üben

> *Wörter richtig schreiben ist gut,*
> *einen Satz richtig schreiben ist besser,*
> *aber einen ganzen Text schreiben, ist super!*
> *Hier sind meine Tipps!*

Tipp 1: Lies zuerst den Text halblaut. Worum geht es?
Verstehst du alles? Frage nach.

Tipp 2: Achte in jedem Satz auf den Satzanfang und das Satzende.

Tipp 3: Arbeite mit den Übungswörtern. Sie sind markiert.
1. Lies sie deutlich.
2. Schreibe und markiere Lupenstellen.
3. Schreibe jedes Übungswort drei Mal.

Tipp 4: Übe die Übungswörter. Schreibe die
Nomen ▲ mit Artikel: der Sommer, ...
in der Einzahl und Mehrzahl: das Heft, die Hefte, ...

Verben ● in der Grundform, ich-, du- und er-Form.
Markiere den Wortstamm und
den Wortbaustein.
such en – ich such e, du such st, er such t, ...

Tipp 5: Schreibe deinen Text Satz für Satz ab.
→ Methode Seite 130

Tipp 6: Schreibe deinen Text im Partnerdiktat.
→ Methode Seite 18

Tipp 7: Fehler verschwinden, wenn du mit der
Übungskartei übst.
→ Methode Seite 136

Ganztext 1 (zu Richtig schreiben S. 102–110)

Am Morgen
Mimi will **schlafen**.
Aber es ist laut im **Haus**.
Mimi mag das nicht. So ein **Quatsch**!

Xenia sucht ein **Heft**.
Vater schaltet den **Computer** ein.
Clemens holt sein **Lexikon**.

Mutter mixt Honig mit **Quark**.
Wann ist es endlich still im Haus?   (Gesamtumfang: 43 Wörter)

Übungswörter
schlafen • Haus • Quatsch •
Xenia • Heft • Vater •
Computer • Clemens •
Lexikon • Mutter •
mixt – mixen • Honig •
Quark

Ganztext 2 (zu Richtig schreiben S. 111–117)

Herbst
An den **Ästen** hängen rote **Äpfel**.
Vater **sucht** eine **Leiter**.
Mutter holt **Gemüse** aus dem **Garten**.
Blätter sinken auf die Erde.

Bunte **Drachen winken** vom Himmel.
Jungen und **Mädchen** halten sie fest.

Es wird **dunkel**.
Ich **schneide** einen **Geist**
aus einem **Kürbis**.
Er schaut **böse** aus. (Gesamtumfang: 47 Wörter)

Übungswörter
Ast – Äste • Apfel – Äpfel •
sucht - suchen • Leiter •
Gemüse • Garten • Blatt –
Blätter • sinken • Drachen •
winken • Jungen •
Mädchen • dunkel •
schneiden • Geist •
Kürbis • böse

○ Abschnitt 1
◐ Abschnitt 1 und 2
● Abschnitt 1, 2 und 3

Ganztext 3 (zu Richtig schreiben S. 118–124)

Frühling

Ein **Bub** und ein **Mädchen**
spielen auf der Wiese.
Dort wachsen im **Mai** schöne Blumen.
Sie haben **große** und kleine **Blüten**.

Viele Bienen fliegen zu den Blumen.
Ein **Vogel** setzt sich auf einen Baum.
Eine Raupe kriecht im Gras.

Zu Hause malen die Kinder mit einem Pinsel
Bilder von einer **bunten Wiese**.   (Gesamtumfang: 53 Wörter)

> **Übungswörter**
> Frühling • Bub – Buben •
> Mädchen • spielen • Mai
> groß • Blüten • viele •
> Bienen – Biene • Vogel •
> Bilder – Bild • bunt •
> Wiese

Ganztext 4 (zu Richtig schreiben S. 125–131)

Der Ausflug

Es ist **Sommer**.
Die **Kinde**r der **Klasse** 2b
planen einen Ausflug.
Sie **können** es kaum erwarten.
Fast **alle** Kinder **wollen** in das Freibad.

Die **Sonne** scheint hell.
Keine **Wolke** ist am **Himmel**.
Die Kinder rutschen ins **Wasser**.
Es fängt an zu regnen.

Viele **Tropfen** fallen vom **Himmel**.
Die Kinder **dürfen** nicht mehr in das **Wasser**.
Alle **müssen** nach Hause.   (Gesamtumfang: 61 Wörter)

> **Übungswörter**
> Sommer • Kinder – Kind •
> Klasse • können •
> alle • wollen • Sonne •
> Wolke • Himmel •
> Wasser • Tropfen •
> dürfen – darf • müssen

○ Abschnitt 1
◑ Abschnitt 1 und 2
● Abschnitt 1, 2 und 3

Ganztext 5 (zu Richtig schreiben S. 132–137)

Gewitter

Es ist **Sommer**.
Die **Sonne steht** hoch am **Himmel**.
Wir **spielen** im Garten.
Unsere **Katze schläft** auf einer **Decke**.
Da **steigen** dunkle Wolken auf.
Es ist **still**.

Doch nun braust ein **Sturm** los.
Er **bläst** die **Blätter** hoch.
Ein **Blitz zuckt** durch die Luft.

Regen **fällt** zur Erde.
Die **Katze läuft** schnell ins Haus.
Wir **flitzen** ihr nach.   (Gesamtumfang: 59 Wörter)

Übungswörter

Gewitter • Sommer •
Sonne • steht – stehen •
Himmel • spielen • Katze •
schläft – schlafen •
Decke • steigen • still •
Sturm • bläst – blasen •
Blätter – Blatt • Blitz •
zuckt – zucken • fällt –
fallen • läuft – laufen •
flitzen

Ganztext 6 (zu Richtig schreiben S. 138–144)

Sommer

Heute ist es **heiß**.
Ben und seine **Schwester** Ella
dürfen ins **Freibad**.
Mutter legt **süße** Birnen, **große Äpfel**
und eine Flasche **Wasser** in den **Korb**.
Dann **fahren** sie mit dem **Rad** zum **Bad**.

Da **zeigt** Ella auf ein **Kind**:
Das ist doch dein **Freund** Faruk.
Ben **begrüßt** Faruk.

Nun **steigt** Ben auf den **Sprungturm**.
Mutig **springt** er. Das war echt **stark**.   (Gesamtumfang: 62 Wörter)

Übungswörter

heiß • Schwester • Freibad •
süß • groß • Wasser •
Korb – Körbe • fahren •
Rad – Räder • Bad –
Bäder • zeigt – zeigen •
Kind – Kinder • Freund –
Freunde • begrüßt –
begrüßen • steigt –
steigen • Sprungturm •
springt – springen • stark

○ Abschnitt 1
◒ Abschnitt 1 und 2
● Abschnitt 1, 2 und 3

A

ab
der Abend, die Abende
aber
der Affe, die Affen
alle
alles
als
also
alt, älter
die Ameise, die Ameisen
die Ampel, die Ampeln
an
die Angst, die Ängste
antworten,
  er antwortet
der Apfel, die Äpfel
der April
arbeiten, er arbeitet
der Arm, die Arme
der Ast, die Äste
auch
auf
die Aufgabe,
  die Aufgaben
das Auge, die Augen
der August
aus
außen
das Auto, die Autos
die Axt, die Äxte

B

das Baby, die Babys
der Bach, die Bäche
backen, er backt
der Bäcker, die Bäcker
baden, sie badet
der Ball, die Bälle
die Banane, die Bananen
die Bank, die Bänke
der Bär, die Bären
der Bauch, die Bäuche
bauen, er baut
der Baum, die Bäume
der Becher, die Becher
bei
das Bein, die Beine
beißen, er beißt
bellen, er bellt
der Berg, die Berge
das Bett, die Betten
die Beule, die Beulen
bewegen, er bewegt
bezahlen, sie bezahlt
der Biber, die Biber
biegen, er biegt
die Biene, die Bienen
das Bild, die Bilder
ich bin
die Birne, die Birnen
bis
du bist
bitten, er bittet
blasen, er bläst

das Blatt, die Blätter
blau
bleiben, er bleibt
der Blitz, die Blitze
blühen, es blüht
die Blume, die Blumen
die Blüte, die Blüten
der Boden, die Böden
die Bohne, die Bohnen
bohren, er bohrt
böse
der Boxer, die Boxer
brauchen, er braucht
braun
brav
brennen, er brennt
das Brett, die Bretter
der Brief, die Briefe
die Brille, die Brillen
bringen, er bringt
das Brot, die Brote
das Brötchen,
  die Brötchen
die Brücke, die Brücken
der Bruder, die Brüder
der Brunnen, die Brunnen
der Bub, die Buben
das Buch, die Bücher
bunt
die Burg, die Burgen
der Busch, die Büsche
die Butter

C

der **Cent,** die Cent
der **Clown,** die Clowns
der **Computer,**
   die Computer

D

   da
das **Dach,** die Dächer
der **Dachs,** die Dachse
   dampfen, es dampft
   danken, er dankt
   dann
   das
der **Daumen,**
   die Daumen
   dein, deine, deiner
   dem
   den
   denken, er denkt
   denn
   der
   des
der **Dezember**
   dich
   dick
   die
der **Dienstag,**
   die Dienstage
   dir
   doch
das **Domino,**
   die Dominos
der **Donner,** die Donner

der **Donnerstag,**
   die Donnerstage
die **Dose,** die Dosen
der **Drache,** die Drachen
der **Drachen,** die Drachen
   draußen
   drei
   du
   dumm
   dunkel
   durch
   dürfen, er darf
die **Dusche,** die Duschen

E

das **Ei,** die Eier
der **Eimer,** die Eimer
   ein, eine, einer
das **Eis**
   elf
die **Eltern**
das **Ende,** die Enden
   eng
der **Engel,** die Engel
der **Enkel,** die Enkel
die **Ente,** die Enten
   er
die **Erde**
   es
der **Esel,** die Esel
   essen, er isst
   euch
   euer, eure
die **Eule,** die Eulen
der **Euro,** die Euros

F

die **Fahne,** die Fahnen
   fahren, er fährt
die **Falle,** die Fallen
   fallen, er fällt
die **Familie,** die Familien
   fangen, er fängt
   fauchen, er faucht
die **Faust,** die Fäuste
der **Februar**
die **Feder,** die Federn
der **Fehler,** die Fehler
   fein
das **Feld,** die Felder
das **Fenster,** die Fenster
   finden, er findet
der **Finger,** die Finger
der **Fisch,** die Fische
die **Flasche,** die Flaschen
   fleißig
die **Fliege,** die Fliegen
   fliegen, er fliegt
   fließen, es fließt
das **Floß,** die Flöße
die **Flöte,** die Flöten
der **Flügel,** die Flügel
der **Fluss,** die Flüsse
   flüssig
   fragen, er fragt
die **Frau,** die Frauen
der **Freitag,** die Freitage
   fremd
der **Fremde,** die Fremden
die **Freude,** die Freuden
   freuen
der **Freund,** die Freunde

die **Freundin,**
die Freundinnen
frieren, er friert
frisch
fröhlich
der **Frosch,** die Frösche
die **Frucht,** die Früchte
der **Frühling**
fühlen, er fühlt
füllen, er füllt
der **Füller,** die Füller
fünf
für
der **Fuß,** die Füße
das **Futter,** die Futter

G

die **Gabel,** die Gabeln
die **Gans,** die Gänse
ganz, ganze, ganzer
der **Garten,** die Gärten
der **Gast,** die Gäste
geben, er gibt
gefährlich
gehen, er geht
die **Geige,** die Geigen
der **Geist,** die Geister
gelb, gelbe
das **Geld,** die Gelder
das **Gemüse**
gerade
gerne
das **Gesicht,**
die Gesichter
gestern

gesund, gesunde
gießen, er gießt
der **Gipfel,** die Gipfel
das **Glas,** die Gläser
das **Gras,** die Gräser
groß, größer
grün
grüßen, er grüßt
die **Gurke,** die Gurken
gut

H

das **Haar,** die Haare
haben, er hat
der **Hahn,** die Hähne
der **Hai,** die Haie
halb, halbe
der **Hals,** die Hälse
halten, er hält
der **Hamster,**
die Hamster
die **Hand,** die Hände
hart, härter
der **Hase,** die Hasen
das **Haus,** die Häuser
die **Haut,** die Häute
die **Hecke,** die Hecken
das **Heft,** die Hefte
heiß
heißen, er heißt
helfen, er hilft
hell
das **Hemd,** die Hemden
her
der **Herbst**

das **Herz,** die Herzen
heute
die **Hexe,** die Hexen
hier
die **Hilfe,** die Hilfen
der **Himmel,** die Himmel
hin
hinter
hoch, höher
die **Höhle,** die Höhlen
holen, er holt
hören, er hört
die **Hose,** die Hosen
das **Huhn,** die Hühner
die **Hummel,**
die Hummeln
der **Hund,** die Hunde
hundert
der **Hunger**
hüpfen, er hüpft
der **Hut,** die Hüte

I

ich
der **Igel,** die Igel
ihm
ihn, ihnen
ihr, ihre
im
immer
in
die **Insel,** die Inseln
das **Internet**
ist

J

ja
das **Jahr**, die Jahre
der **Januar**
jede, jeder, jedes
das **Jo-Jo**
der **Juli**
jung
der **Junge**, die Jungen
der **Juni**

K

der **Käfer**, die Käfer
der **Käfig**, die Käfige
der **Kaiser**, die Kaiser
der **Kaktus**, die Kakteen
das **Kalb**, die Kälber
der **Kalender**,
    die Kalender
der **Kamm**, die Kämme
kämmen, er kämmt
die **Kanne**, die Kannen
der **Käse**
die **Kasse**, die Kassen
die **Kastanie**,
    die Kastanien
die **Katze**, die Katzen
kaufen, er kauft
der **Keller**, die Keller
kein, keine, keiner
die **Kerze**, die Kerzen
das **Kind**, die Kinder
das **Kino**

die **Kirche**, die Kirchen
die **Kirsche**,
    die Kirschen
die **Kiste**, die Kisten
die **Klasse**, die Klassen
das **Kleid**, die Kleider
klein
klopfen, er klopft
kochen, er kocht
der **Koffer**, die Koffer
kommen,
    er kommt
der **König**, die Könige
können, er kann
der **Kopf**, die Köpfe
der **Korb**, die Körbe
der **Körper**, die Körper
der **Krach**
krank
kratzen, er kratzt
das **Kraut**, die Kräuter
die **Krone**, die Kronen
der **Kuchen**, die Kuchen
die **Kuh**, die Kühe
der **Kuss**, die Küsse

L

lachen, er lacht
lahm
das **Lama**
das **Lamm**, die Lämmer
die **Lampe**, die Lampen
das **Land**, die Länder
lang, länger
laufen, er läuft

laut
leben, er lebt
legen, er legt
der **Lehrer**
die **Lehrerin**
leicht
leise
die **Leiter**, die Leitern
lernen, er lernt
lesen, er liest
die **Leute**
das **Lexikon**, die Lexika
das **Licht**, die Lichter
lieb, lieber
lieben, er liebt
das **Lied**, die Lieder
liegen, er liegt
die **Lippe**, die Lippen
loben, er lobt
das **Loch**, die Löcher
der **Löffel**, die Löffel
der **Löwe**, die Löwen
die **Luft**, die Lüfte
die **Lupe**, die Lupen

M

machen, er macht
das **Mädchen**,
    die Mädchen
der **Mai**
der **Mais**
malen
man
der **Mann**, die Männer
der **Mantel**, die Mäntel

der März
die Maus, die Mäuse
das Meer, die Meere
mehr
mein, meine, meiner
der Mensch,
　　die Menschen
das Messer, die Messer
mich
die Milch
die Minute, die Minuten
mir
mit
der Mittwoch
der Mixer, die Mixer
der Monat, die Monate
der Mond, die Monde
der Montag, die Montage
morgen
die Möwe, die Möwen
die Mücke, die Mücken
der Mund, die Münder
die Muschel,
　　die Muscheln
müssen, er muss
die Mutter, die Mütter

N

nach
die Nacht, die Nächte
die Nadel, die Nadeln
der Nagel, die Nägel
der Name, die Namen
die Nase, die Nasen
der Nebel, die Nebel

nehmen, er nimmt
nein
neu
neun
nicht
nichts
nie
die Nixe, die Nixen
der November
die Nudel, die Nudeln
nun
nur
die Nuss, die Nüsse

O

ob
das Obst
oder
oft
das Ohr, die Ohren
der Oktober
die Oma, die Omas
der Onkel, die Onkel
der Opa, die Opas
Ostern

P

packen, er packt
das Paket, die Pakete
die Panne, die Pannen
das Papier
die Pappe, die Pappen
der Partner

die Pfanne, die Pfannen
der Pfau
pfeifen, er pfeift
der Pfeil, die Pfeile
das Pferd, die Pferde
die Pflanze,
　　die Pflanzen
pflanzen, er pflanzt
das Pflaster,
　　die Pflaster
pflegen, er pflegt
der Pinsel, die Pinsel
der Pirat, die Piraten
die Pizza, die Pizzas oder
　　die Pizzen
der Platz, die Plätze
das Pony, die Ponys
der Pudel, die Pudel
die Puppe, die Puppen

Qu

das Quadrat,
　　die Quadrate
quaken, er quakt
die Qualle, die Quallen
der Qualm
qualmen,
　　es qualmt
der Quark
der Quatsch
die Quelle, die Quellen
quietschen,
　　es quietscht

R

der **Rabe,** die Raben
das **Rad,** die Räder
raten, er rät
die **Ratte,** die Ratten
rauben, er raubt
der **Raum,** die Räume
die **Raupe,** die Raupen
rechnen, er rechnet
reden, er redet
der **Regen**
das **Reh,** die Rehe
reich
reisen, er reist
der **Riese,** die Riesen
der **Ring,** die Ringe
der **Ritter,** die Ritter
der **Rock,** die Röcke
rollen, er rollt
die **Rose,** die Rosen
rot, röter
der **Rücken,** die Rücken
rufen, er ruft

S

der **Saft,** die Säfte
die **Säge,** die Sägen
sagen, er sagt
das **Salz,** die Salze
der **Samstag,**
die Samstage
der **Sand**
sandig
der **Satz,** die Sätze

das **Schaf,** die Schafe
der **Schal**
der **Schatten**
der **Schatz,** die Schätze
schauen, er schaut
die **Schaufel,**
die Schaufeln
der **Schaum,**
die Schäume
scheinen,
es scheint
schenken,
er schenkt
die **Schere,** die Scheren
die **Schiene,**
die Schienen
schimpfen,
er schimpft
der **Schirm,** die Schirme
schlafen, er schläft
schlagen,
er schlägt
die **Schlange,**
die Schlangen
schlau
der **Schlauch,**
die Schläuche
schließen,
er schließt
der **Schluss,**
die Schlüsse
schon
der **Schmetterling,**
die Schmetterlinge
die **Schnecke,**
die Schnecken
der **Schnee**

schneiden,
er schneidet
schnell
der **Schnupfen**
schön
der **Schrank,**
die Schränke
schreiben,
er schreibt
schreien, er schreit
die **Schule,** die Schulen
schwarz, schwärzer
die **Schwester,**
die Schwestern
schwimmen,
er schwimmt
sechs
sehen, er sieht
sehr
die **Seife,** die Seifen
das **Seil,** die Seile
sein, seine, seiner
die **Sekunde,**
die Sekunden
der **September**
sich
sie
sieben
sind
singen, er singt
sitzen, er sitzt
so
das **Sofa,** die Sofas
der **Sohn,** die Söhne
sollen, er soll
der **Sommer**
die **Sonne**

der **Sonntag,**
die Sonntage
die **Soße,** die Soßen
die **Spaghetti**
sparen, er spart
der **Spaß,** die Späße
der **Spatz,** die Spatzen
spazieren,
er spaziert
der **Specht,** die Spechte
speisen, er speist
der **Spiegel,** die Spiegel
das **Spiel,** die Spiele
spielen, er spielt
der **Spinat**
die **Spinne,** die Spinnen
die **Spirale,** die Spiralen
der **Sport**
sprechen, er spricht
springen, er springt
spucken, er spuckt
der **Stall,** die Ställe
der **Stamm,**
die Stämme
stampfen,
er stampft
stapfen, er stapft
starten, er startet
stehen, er steht
steigen, er steigt
der **Stein,** die Steine
stellen, er stellt
der **Stern,** die Sterne
der **Stiefel,** die Stiefel
der **Stift,** die Stifte
still
die **Stirn**

der **Stoff,** die Stoffe
der **Storch,** die Störche
die **Straße,** die Straßen
der **Strauch,**
die Sträucher
staunen, er staunt
der **Strauß,** die Sträuße
streichen, er streicht
stricken, er strickt
der **Strumpf,**
die Strümpfe
der **Stuhl,** die Stühle
die **Stunde,** die Stunden
der **Sturm,** die Stürme
suchen, er sucht
süß

T

der **Tag,** die Tage
tanken, er tankt
die **Tante,** die Tanten
die **Tasche,** die Taschen
die **Tasse,** die Tassen
tauchen, er taucht
das **Taxi,** die Taxis
der **Teddy,** die Teddys
der **Tee**
das **Telefon,**
die Telefone
der **Teller,** die Teller
die **Temperatur**
das **Tier,** die Tiere
der **Tiger,** die Tiger
der **Tisch,** die Tische
die **Tochter,** die Töchter

die **Tomate,** die Tomaten
die **Tonne,** die Tonnen
der **Topf,** die Töpfe
die **Torte,** die Torten
tragen, er trägt
die **Träne,** die Tränen
der **Traum,** die Träume
traurig
trinken, er trinkt
der **Tropfen,** die Tropfen
tun
die **Tür,** die Türen
der **Turm,** die Türme
turnen, er turnt
die **Tüte,** die Tüten

U

üben, er übt
über
die **Uhr,** die Uhren
um
und
uns, unser, unsere
unten
unter

V

die **Vase,** die Vasen
der **Vater,** die Väter
der **Verkehr**
versuchen,
er versucht
viel

vier
der Vogel, die Vögel
vom
von
vor

W

der Wagen, die Wagen
der Wald, die Wälder
wandern, er wandert
die Wanne,
    die Wannen
warm, wärmer
die Wärme
warten, er wartet
warum
was
waschen, er wäscht
das Wasser
der Wecker
der Weg, die Wege
Weihnachten
weil
weinen, er weint
weiß
weit, weiter
wenig
wer
werden, er wird
das Wetter
wie
wieder
die Wiege, die Wiegen
die Wiese, die Wiesen
der Wind, die Winde

der Winter
die Wippe, die Wippen
wir
der Witz, die Witze
wo
die Woche, die Wochen
wohnen, er wohnt
der Wolf, die Wölfe
die Wolke, die Wolken
wollen, er will
das Wort, die Wörter
wünschen,
    er wünscht
der Würfel, die Würfel
der Wurm, die Würmer
die Wurzel, die Wurzeln

Z

die Zahl, die Zahlen
zahlen, er zahlt
zählen, er zählt
der Zahn, die Zähne
die Zange, die Zangen
der Zaun, die Zäune
das Zebra, die Zebras
die Zehe, die Zehen
zehn
zeigen, er zeigt
der Zeiger, die Zeiger
die Zeit, die Zeiten
das Zelt, die Zelte
die Ziege, die Ziegen
das Zimmer, die Zimmer
der Zopf, die Zöpfe
der Zucker

zum
die Zunge, die Zungen
zur
zusammen
zwei
der Zwerg, die Zwerge
die Zwiebel, die Zwiebeln
zwölf

Textquellenachweis

56 Eric Carle: Brauner Bär, wen siehst denn du? Übers. Viktor Christen. Gerstenberg 2010; Zur besseren altersgemäßen Verständlichkeit wurde der Originaltext verändert, ohne den Inhalt und/oder Sinn zu verändern.; **56** Eric Carle: Brauner Bär, wen siehst denn du? Übers. Viktor Christen. Gerstenberg 2010; Zur besseren altersgemäßen Verständlichkeit wurde der Originaltext verändert, ohne den Inhalt und/oder Sinn zu verändern.; **78** Das Lied von den Gefühlen. Text und Melodie: Klaus W. Hoffmann © Aktive Musik Verlagsgesellschaft mbH; **80** Gina Ruck-Pauquèt: Hausspruch, In: M.G. Schneider, Sieben Leben möchte ich haben, Freiburg: Christophorus 1975, S. 62; Zur besseren altersgemäßen Verständlichkeit wurde der Originaltext verändert, ohne den Inhalt und/oder Sinn zu verändern.; **93** 's Bibihenderl - Wia i bin auf d'Alma ganga. Text: Traditional, unter: http://www.volksmusik-archiv.de/vma/node/1708 (Stand: 04.03.21)

Bildquellennachweis

Ablang, Friederike, Berlin, **63.4**; **63.9**; **67.3**; **103.3**; **103.5**; **106.12**; **109.6**; **119.2**; **122.3**; **132.8**; **132.15**; **138.4**; **139.1**; **139.2**; Ackroyd, Dorothea, Bielefeld, **27.1**; **27.3**; **27.4**; **27.5**; **52.10**; **60.1**; **116.2**; Barth-Musil, Ulrike, Potsdam-Babelsberg, **5.1**; **20.2**; **20.3**; **21.1**; **63.8**; **69.1**; **75.3**; **76.1**; **84.1**; **84.2**; **99.2**; **126.1**; **130.1**; **135.1**; **142.1**; **143.11**; **147.1**; Burghart-Vollhardt, Martina, Kamenz, **28.1**; **31.6**; **35.1**; **35.2**; **35.3**; **35.4**; **35.5**; **35.6**; **62.1**; **92.5**; **104.9**; **109.2**; **109.9**; **112.2**; **112.3**; **112.5**; **113.1**; **113.2**; **113.14**; **113.17**; **115.2**; **115.3**; **121.4**; **123.3**; **125.7**; **125.8**; **126.15**; **126.17**; **126.26**; **130.2**; **130.3**; **130.4**; **130.5**; **130.6**; **130.7**; **130.9**; **130.10**; **132.6**; **133.6**; **138.1**; **143.4**; Citak, Angelika, Wipperfürth, **67.6**; Droessler, Thorsten, Leipzig, **117.18**; Droessler, Thorsten, Leipzig (Thorsten Droesler), **125.17**; Eric Carle/Bill Martin Jr.: Brauner Bär, wen siehst denn du? Copyright © 1984 1997 Gerstenberg Verlag, Hildesheim, **56.1**; Ernst Klett Verlag GmbH, Stuttgart, **110.13**; **125.4**; Florian, Andreas, Lübeck, **19.1**; Frenzel, Franziska, Leipzig, **48.1**; **48.2**; **48.3**; **48.4**; **48.5**; **48.6**; **48.7**; Fröhlich, Anke, Leipzig, **8.12**; **11.2**; **11.3**; **11.4**; **11.6**; **11.8**; **11.16**; **12.4**; **12.6**; **12.8**; **12.10**; **12.11**; **12.12**; **12.16**; **12.17**; **20.1**; **40.7**; **43.3**; **43.5**; **43.6**; **43.7**; **43.11**; **51.4**; **63.6**; **63.10**; **67.2**; **67.5**; **68.4**; **78.2**; **78.3**; **78.4**; **85.5**; **91.11**; **91.12**; **93.1**; **93.4**; **103.4**; **103.6**; **103.9**; **103.13**; **103.17**; **104.4**; **104.5**; **104.7**; **104.10**; **104.16**; **104.17**; **104.20**; **104.24**; **105.11**; **105.13**; **106.3**; **107.2**; **107.4**; **107.13**; **107.15**; **107.18**; **107.19**; **107**; **108.2**; **109.3**; **109.5**; **109.7**; **109.8**; **109.10**; **109.11**; **109.13**; **109.14**; **110.4**; **110.8**; **111.2**; **111.4**; **111.6**; **111.8**; **111.12**; **111.13**; **111.16**; **114.1**; **114.2**; **114.4**; **114.5**; **114.6**; **114.7**; **117.8**; **117.9**; **117.10**; **117.11**; **117.13**; **117.15**; **117.16**; **118.2**; **118.3**; **118.4**; **118.7**; **118.8**; **118.9**; **118.12**; **119.5**; **119.6**; **119.8**; **119.9**; **119.10**; **120.1**; **121.2**; **121.3**; **121.5**; **122.1**; **122.4**; **124.5**; **124.9**; **124.11**; **124.12**; **124.13**; **124.14**; **124.19**; **124.20**; **125.2**; **125.3**; **125.6**; **125.9**; **125.10**; **125.13**; **126.2**; **126.3**; **126.6**; **126.7**; **126.9**; **126.10**; **126.12**; **126.13**; **126.19**; **126.21**; **126.23**; **126.24**; **126.25**; **128.8**; **128.11**; **132.2**; **132.3**; **132.5**; **132.7**; **132.13**; **133.1**; **133.3**; **133.4**; **133.10**; **133.13**; **133.14**; **134.1**; **134.2**; **134.4**; **134.5**; **134.9**; **135.2**; **138.2**; **138.3**; **138.5**; **138.6**; **138.7**; **138.10**; **138.14**; **138.15**; **138.16**; **138.17**; **138.18**; **138.20**; **138.23**; **138.24**; **139.4**; **139.5**; **139.6**; **139.8**; **143.1**; **143.2**; **143.3**; **143.5**; **143.6**; **143.9**; **143.10**; **144.2**; **144.5**; **144.6**; **144.7**; **144.9**; **144.10**; **144.11**; **144.12**; **144.13**; **144.16**; **144.17**; **152.3**; **152.4**; **153.3**; **154.1**; **154.2**; **154.3**; **155.1**; **155.2**; **155.5**; **157.1**; Getty Images Plus, München (Kerrick/iStock), **54.4**; Getty Images Plus, München (Ondrej Bucek), **89.4**; **90.6**; Getty Images Plus, München (Philippe Lissac/The Image Bank Unreleased), **86.2**; Getty Images Plus, München (Rudolf Ernst/iStock Editorial), **89.8**; **90.10**; Getty Images Plus, München (Servet TURAN/iStock), **59.1**; Greune, Mascha, München, **11.11**; **68.6**; **93.6**; **107.6**; **109.12**; **111.9**; **118.10**; **133.12**; **139.7**; Hochmann, Carmen, Gütersloh, **6.1**; **6.2**; **6.3**; **6.4**; **7.1**; **7.2**; **7.3**; **7.4**; **7.5**; **8.1**; **8.2**; **8.3**; **8.4**; **8.5**; **8.6**; **8.7**; **8.8**; **8.9**; **8.10**; **8.11**; **9.1**; **9.2**; **9.3**; **9.4**; **9.5**; **9.6**; **9.7**; **9.8**; **9.9**; **10.1**; **10.2**; **10.3**; **10.4**; **11.1**; **11.7**; **11.13**; **12.2**; **12.9**; **13.1**; **14.4**; **14.6**; **15.1**; **15.2**; **15.3**; **15.4**; **15.5**; **15.6**; **15.7**; **15.8**; **15.9**; **16.1**; **17.1**; **17.2**; **17.3**; **17.4**; **17.5**; **17.6**; **17.7**; **18.1**; **18.2**; **18.3**; **18.4**; **19.2**; **21.2**; **21.3**; **21.4**; **21.5**; **21.6**; **21.7**; **21.8**; **22.1**; **24.1**; **24.2**; **24.3**; **24.4**; **24.5**; **24.6**; **26.1**; **26.2**; **26.3**; **26.4**; **27.2**; **27.6**; **29.1**; **29.2**; **30.1**; **31.1**; **31.2**; **31.3**; **31.4**; **32.1**; **32.2**; **33.1**; **36.1**; **37.1**; **38.2**; **40.1**; **40.2**; **40.4**; **40.5**; **40.6**; **43.1**; **43.4**; **45.1**; **47.1**; **47.2**; **49.1**; **50.1**; **50.2**; **50.3**; **50.4**; **51.1**; **51.2**; **51.3**; **51.4**; **51.5**; **51.6**; **51.7**; **51.8**; **51.9**; **51.10**; **51.11**; **51.12**; **52.9**; **53.1**; **53.2**; **55.3**; **55.4**; **56.2**; **56.3**; **56.4**; **56.6**; **56.8**; **56.9**; **56.10**; **56.11**; **56.12**; **57.1**; **57.3**; **57.4**; **57.5**; **57.6**; **58.1**; **61.1**; **61.2**; **64.1**; **64.2**; **64.3**; **65.1**; **65.2**; **65.3**; **65.5**; **66.1**; **66.2**; **67.7**; **70.1**; **70.2**; **70.3**; **70.4**; **70.5**; **70.6**; **70.7**; **70.8**; **71.1**; **71.2**; **71.3**; **71.4**; **71.5**; **71.6**; **72.1**; **73.1**; **74.1**; **74.2**; **74.3**; **74.4**; **74.5**; **74.6**; **74.7**; **74.8**; **75.1**; **75.2**; **77.1**; **78.5**; **79.1**; **79.2**; **79.3**; **79.4**; **79.5**; **79.6**; **80.1**; **81.1**; **82.1**; **82.2**; **82.3**; **82.4**; **82.5**; **82.6**; **82.7**; **82.8**; **83.1**; **85.1**; **85.1**; **85.2**; **85.3**; **85.6**; **88.1**; **89.1**; **90.1**; **90.2**; **90.11**; **92.6**; **92.7**; **93.7**; **93.9**; **94.1**; **94.2**; **94.3**; **94.4**; **95.1**; **95.2**; **95.3**; **96.1**; **96.2**; **97.1**; **97.2**; **97.3**; **99.1**; **100.1**; **100.2**; **101.3**; **102.1**; **102.2**; **102.3**; **105.1**; **105.4**; **106.1**; **108.1**; **109.1**; **112.1**; **113.26**; **114.8**; **116.10**; **117.17**; **118.1**; **118.14**; **118.15**; **118.16**; **119.1**; **119.14**; **119.15**; **119.16**; **120.3**; **121.1**; **122.2**; **123.1**; **123.2**; **123.4**; **125.14**; **125.15**; **125.16**; **125.18**; **125.19**; **125.20**; **125.21**; **125**; **126.11**; **128.1**; **129.1**; **130.11**; **132.9**; **132.14**; **132.15**; **136.1**; **136.2**; **138.8**; **138.12**; **138.13**; **138.25**; **140.1**; **141.1**; **141.2**; **141.3**; **141.4**; **141.5**; **141.6**; **142.2**; **143.8**; **U6.2**; **U9.1**; h3-12-006735-0001, **138.21**; h3-12-300440-0001, **111.17**; **139.3**; Illustration von Erhard Dietl, aus: Die Olchis aus Schmuddelfing © Verlag Friedrich Oetinger Verlag, Hamburg, **46.1**; imago images, Berlin (blickwinkel), **54.1**; juniors@wildlife, Hamburg (J.-L. Klein & M.-L. Hubert), **59.3**; Kerbusch, Katrin, Dresden, **104.21**; Kranenberg, Hendrik, Drolshagen, **93.3**; **101.1**; **103.16**; **104.22**; **107.16**; **109.4**; **110.7**; **117.7**; **117.14**; **118.6**; **125.11**; **126.22**; **132.1**; **132.11**; **133.8**; **134.7**; **138.9**; **138.11**; **138.22**; Mair, Jörg, München, **39.1**; Marina Goldenstein, Erlangen, **41.1**; Mauritius Images, Mittenwald (Cynthia Lee / Alamy), **87.1**; Mauritius Images, Mittenwald (Peter Carroll / Alamy), **87.4**; Mauritius Images, Mittenwald (Robert Fried / Alamy), **86.3**; Nicolai, Axel, Sönnebüll, **128.9**; Oertel, Katrin, Münster, **135.3**; Oser, Liliane, Hamburg, **107.17**; **118.5**; Ostadal, Manuela, München, **85.4**; Pflügner, Matthias, Berlin, **93.8**; Reich, Bettina, Zwenkau/Leipzig, **107.21**; **128.2**; **128.10**; Reimers, Silke, Mainz, **93.2**; **107.7**; Schumann, Friederike, Berlin, **43.8**; **128.5**; **140.2**; **144.14**; ShutterStock.com RF, New York (Globe Turner), **91.2**; **91.7**; ShutterStock.com RF, New York (Moha El-Jaw), **89.2**; **90.4**; ShutterStock.com RF, New York (Route66), **91.5**; **92.4**; ShutterStock.com RF, New York (WTHOMEPHOTO), **91.4**; stock.adobe.com, Dublin (Alexandr Vasilyev), **14.2**; stock.adobe.com, Dublin (Anja), **14.1**; stock.adobe.com, Dublin (Birgit Reitz-Hofmann), **54.3**; stock.adobe.com, Dublin (Brad Pict), **90.7**; stock.adobe.com, Dublin (dietwalther), **89.6**; **90.8**; stock.adobe.com, Dublin (Jan Will), **38.1**; stock.adobe.com, Dublin (Klaus Veitengruber), **87.3**; stock.adobe.com, Dublin (Marc Andreu), **59.2**; stock.adobe.com, Dublin (Miramiska), **14.3**; stock.adobe.com, Dublin (moonrun), **91.3**; **91.8**; **91.8**; **92.3**; stock.adobe.com, Dublin (Rasmus), **89.3**; **90.5**; stock.adobe.com, Dublin (Reena), **54.2**; stock.adobe.com, Dublin (Subodh), **89.7**; **90.9**; stock.adobe.com, Dublin (Yahia LOUKKAL), **89.5**; Stotz, Imke, Münster, **63.5**; Thinkstock, München (Hemera), **91.1**; Thinkstock, München (iStockphoto), **87.2**; VISUM Foto GmbH, München (Bjoern Steinz/Panos Pictures), **86.1**; Voets, Inge, Berlin, **133.9**; Voigt, Aurel, Waiblingen, **104.12**; Woernle, Hela, Hannover, **138.19**; Wolff, Steffen, Herzogenrath, **85.6**; www.blinde-kuh.de/Blinde Kuh e.V., **42.2**; © fragFINN e.V., **42.1**; **42.3**; **42.4**;

1. Auflage

5 4 3 2 1
1 | 26 25 24 23 22

Alle Drucke dieser Auflage sind unverändert und können im Unterricht nebeneinander verwendet werden.
Die letzte Zahl bezeichnet das Jahr des Druckes.

Das Werk und seine Teile sind urheberrechtlich geschützt. Jede Nutzung in anderen als den gesetzlich zugelassenen Fällen bedarf der vorherigen schriftlichen Einwilligung des Verlages. Hinweis § 60a UrhG: Weder das Werk noch seine Teile dürfen ohne eine solche Einwilligung eingescannt und/oder in ein Netzwerk eingestellt werden. Dies gilt auch für Intranets von Schulen und sonstigen Bildungseinrichtungen. Fotomechanische, digitale oder andere Wiedergabeverfahren nur mit Genehmigung des Verlages.

Nutzungsvorbehalt: Die Nutzung für Text und Data Mining (§ 44b UrhG) ist vorbehalten. Dies betrifft nicht Text und Data Mining für Zwecke der wissenschaftlichen Forschung (§ 60d UrhG).

Hinweis: Die enthaltenen Links verweisen auf digitale Inhalte, die der Verlag bei verlagsseitigen Angeboten in eigener Verantwortung zur Verfügung stellt. Links auf Angebote Dritter wurden nach den gleichen Qualitätskriterien wie die verlagsseitigen Angebote ausgewählt und bei Erstellung des Lernmittels sorgfältig geprüft. Für spätere Änderungen der verknüpften Inhalte kann keine Verantwortung übernommen werden.

© Ernst Klett Verlag GmbH, Stuttgart 2022. Alle Rechte vorbehalten. www.klett.de
Das vorliegende Material dient ausschließlich gemäß § 60b UrhG dem Einsatz im Unterricht an Schulen.

Autorinnen und Autoren: Ruth Dolenc-Petz; Prof. Dr. Edeltraud Röbe; Dr. Heinrich Röbe; Marina Goldenstein

Entstanden in Zusammenarbeit mit dem Projektteam des Verlages.

Gestaltung: know idea gmbh, Freiburg i. Br.
Titelbild: Carmen Hochmann, Gütersloh
Satz: texturama, Buch- und Medienproduktion, Leipzig
Druck: PASSAVIA Druckservice GmbH & Co. KG, Passau

Printed in Germany
ISBN 978-3-12-007362-8